在世界尽头相遇

伊伯特对话赫尔佐格

ROGER EBERT | HERZOG BY EBERT

[德] 罗杰·伊伯特——著

[德] 维尔纳·赫尔佐格／作序

李尚／译

后浪电影学院 223
POST WAVE FILM ACADEMY

贵州出版集团
贵州人民出版社

目　录

第三部分 访 谈

第四部分 伟大的电影

第五部分 总结

附录 沃克艺术中心，1999

序　言

如果只说我想念着罗杰·伊伯特，那是不完整的。我想说的事情远不局限于他；我想说的要深刻得多。尽管罕见，电影曾造就出一些男女，他们的观点可以代表我们所有爱电影的人，他们是我们的守护者，是在隧道尽头指引我们的光亮。影评人洛特·艾斯纳（Lotte Eisner）[1]是其中之一，电影活动家阿莫斯·福格尔（Amos Vogel）[2]也是，还有亨利·朗格卢瓦（Henri Langlois）[3]，那条曾守卫电影宝藏的猛龙。罗杰、洛特和亨利胸中的火焰激励着我们前行。没有他们，我们就像掉队的人，孤独地困在冰冷恶毒的世界里，不知历史，失去方向。

当制片公司（我记得是迪士尼）断然想让《与伊伯特和罗帕看电影》（*At the Movies with Ebert and Roeper*）[4]换个“不一样”的方向时，那个冰冷恶毒的世界即将到来，罗杰料到了，我也料到了。直截了当地说，他们的意思是把节目重点从电影评论和对电影的爱与欣赏上移走，转而去关注名人新闻。这次转变并不奇怪。其实让罗帕出演的时候你就预料到了，这意味着节目接受了一位几乎对电影一无所知的搭档，他不得不在速成班里学习真正的电影是什么。现在，纸媒已经抛弃了旗下几乎所有的影评人，把他们换成了对明星穷追不舍的作者和狗仔队。网络如今也是一样的。

我从来都不是我称之为“抱怨文化”的一分子，罗杰也绝非此类。他直到最后一口气都在奋力前行。我一直说他是电影的精兵，因为他曾用一模一样的称呼叫我，但我坚持说“罗杰，这称呼用在你身上合适多了”。在他人生的最后十年里，他是一名骁勇的战士，我始终赞赏他那不屈不挠的勇气。他去世时，一个时代随之终结。他是世上最后一头猛犸象。

是什么将我们联系到一起？是什么让我们彼此亲近？20 世纪 70 年代早期，罗杰被我的电影吸引。他看了我的长片处女作《生命的标记》，还有我的很多几乎无人认可的早期作品。我的电影《阿基尔，上帝的愤怒》登上了他的影史十佳榜单，还有几部影片归入了他的“伟大的电影”系列。这引发了更多美国观众的好奇。我欠他很多情。但我们的联结不在于此。

我们不经常见面。我甚至不能说我们是真正的朋友，因为我们没有见得足够频繁。而且我们都怀着同样的谨慎感：影评人和导演应该彼此敬而远之。我很清楚地记得，我们注意到这点是有一天罗杰跟我深入地“交心”时，谈到了他的心魔。我始终感觉到在外表下他被一些事困扰着，有那么一瞬间我们都猛然意识到不能再往下说了。

也许听起来有些过于傲慢，我们在电影和艺术的基本层面上有着深刻的共识。如今，我们正处在“后事实”和“可选事实”的全新政治环境里。但我和罗杰几十年前就争论过电影中的事实和真相，我假设了一种电影形式，在这种形式里真相不一定由事实构成。当然，没有人能忽略事实——事实规范着行为——但在电影中我们能够体验一种启迪性的形式，一种“狂喜”的真相，就像中世纪晚期的神秘主义者所体验的那样。为什么我们站在米开朗琪罗的《圣母恸子图》（*Pieta*）前时并没有感到被欺骗？耶稣从十字架上被移下，那具饱受折磨的身躯属于一名三十三岁的男性，但他母亲只有十七岁。米开朗琪罗误导我们了吗？没有。他只是向我们展现了忧患之子和处女圣母的本质真相。

读着几十年前我们在琢面多媒体中心（Facets Multimedia）的对谈，我惊叹于罗杰和我已有多少改变，又有多少始终如一。我们那么多年前的声音听来仿佛时间长河里奇特又美好的信号光点。

我在各种场合都被问到过他的文章是否影响了我的电影。不，没有。那我们是谨慎的朋友这一事实是否改变了我的人生历程呢？我的答案也是否定的。但认识他让我的生命变得更加美好了。

维尔纳·赫尔佐格

2017 年 1 月

注 释

[1] 洛特·艾斯纳（1896—1983）：德国影评人，1936 年在巴黎与亨利·朗格卢瓦一起创立了法国电影资料馆。——译注

[2] 阿莫斯·福格尔（1921—2012）：电影活动家，生于奥地利，后来到美国，曾创立先锋电影俱乐部“电影 16”（Cinema 16）和纽约电影节。——译注

[3] 亨利·朗格卢瓦（1914—1977）：电影保护事业的先驱，法国电影资料馆的创始人，电影活动家，促进了“电影作者论”（auteur theory）的形成，影响了一大批新浪潮导演。——译注

[4] 这是一档热门影评节目，原为伊伯特与吉恩·西斯科尔（Gene Siskel）主持，最后一任搭档是罗帕。理查德·罗帕（Richard Roeper）：美国《芝加哥太阳报》的专栏作家和影评人。——译注

编者按

罗杰·伊伯特发表第一篇写赫尔佐格电影——《阿基尔，上帝的愤怒》——的影评是在 1977 年 2 月 9 日。他最后一篇关于赫尔佐格作品的文章（《雕刻家赫尔佐格的狂喜》）出现在将近三十六年之后，2013 年 1 月 26 日。

他们在 1968 年的纽约电影节上相遇，就像伊伯特在最后那篇文章里提到的，“我第一次见到他是…… 在某人位于格林威治村的公寓里。我坐在他脚边的地毯上。我不记得我们说了些什么，但我感觉到了一种很强烈的联结，从那以来始终如一。那时他是一个带着部电影来参加电影节的孩子，然而远不止于此”。

这本书包含了伊伯特的影评、访谈、收录在“伟大的电影”系列影评中的文章和其他探究那种“强烈联结”的文章。（参见 http://www.rogerebert.com/chazs-blog/rogers-favorites-werner-herzog，可以将之当作 rogerebert.com 上能看到的赫尔佐格相关文章的索引。）本书还收录了《大师班：地平线上的影像》，1979 年 4 月 17 日，罗杰·伊伯特在芝加哥琢面多媒体中心主持了一场大师班，维尔纳·赫尔佐格是客座导师，这篇文章是当时的文字记录。这是一段关于赫尔佐格职业生涯第一阶段的长谈，充满着迷人的卓见。附录里有两篇为了赫尔佐格作品回顾展而准备的文章，回顾展于 1999 年在沃克艺术中心（Walker Art Center）举办，两篇文章分别是伊伯特的简要评述和赫尔佐格在问答环节中提出的《明尼苏达宣言》。

尽管伊伯特不在了，无法额外说些什么来为本书添彩，如同他对自己另一本围绕一位导演的书《伊伯特谈斯科塞斯》（*Scorsese by Ebert*）所做的那样，接下来的两段话清楚地表明了一名重要影评人对一名重要导演电影作品的深深敬意和欣赏之情，它们都出现在这份关于这段漫长邂逅的记录中。

摘自伊伯特在琢面大师班上的开场白："在我心目中，你是 20 世纪 70 年代最有趣的导演。很多别的导演都会一次又一次地回归同一个主题，并且用完全一样的风格表现，而你的每一部作品都是一次崭新的启程，为我们带来崭新的景象。"

摘自 2007 年 11 月 17 日伊伯特写给赫尔佐格的信："我写这封信一开始是要赞美你的作品，结果却描述了起来。或许二者是同一件事。你和你的作品是独一无二的、无价的，在那么多人都使电影蒙羞的时候，你却光耀其名。你有胆魄相信只要拍的是你感兴趣的事，我们也会同样感兴趣。你已证明了这一点。"

接下来，请看伊伯特描述与赞赏的词句，以及赫尔佐格说明和阐释的话语。

第一部分

琢面
多媒体中心，
1979

大师班：地平线上的影像

由罗杰·伊伯特主持的一场大师班，嘉宾维尔纳·赫尔佐格，芝加哥琢面多媒体中心，伊利诺伊州，1979 年 4 月 17 日。

吉恩·沃尔什（Gene Walsh）于1979年记录、加注、校订，中括号里是维尔纳·赫尔佐格在 2017 年另加的小说明；○代表罗杰·伊伯特；●代表维尔纳·赫尔佐格。

○ 1968 年的纽约电影节上，你带来了你的第一部长片《生命的标记》，那是我第一次看到你的作品。当时你对我们所有人来说都是个新人，而且新德国电影运动（New German Cinema）本身也很新；如今我个人认为在过去的十一年里——希望我这么说不会让你感到尴尬——你拍出了最有趣的电影。在我心目中，你是 20 世纪 70 年代最有趣的导演。很多别的导演都会一次又一次地回归同一个主题，并且用完全一样的风格表现，而你的每一部作品都是一次崭新的启程，为我们带来崭新的景象。

作为今晚讨论的开始，我想也许可以请你谈谈今天在这里放映的三部电影：长片长度的纪录片《沉默与黑暗的世界》，两部稍短一些的纪录片《木雕家斯泰纳的狂喜》和《苏弗雷火山》。我之前看过这两部纪录短片，但今晚是我第一次看《沉默与黑暗的世界》，在我看来这部影片与《卡斯帕尔·豪泽尔：人人为自己，上帝反众人》[1]有着某种明显的联系。这两部影片似乎都表现出你认识到了一个事实，即我们所有人都迫切地需要交流，尤其是如果谁——一个人——无法说话、聆听、交谈和被理解的话，他就会非常悲惨地完全无法作为人而存在。

● 是的，没错。我一直都觉得那两部电影之间有着非常紧密的联系。但如今我也会说《沉默与黑暗的世界》与《诺斯费拉图：夜晚的幽灵》关系很密切，与《沃伊采克》关系很密切，当然也与《史楚锡流浪记》以及我拍的所有其他电影关系很密切。

但《沉默与黑暗的世界》是一部特别贴近我内心的电影，因为它是那么单纯。片中的事情都能够以最直接的方式展现出来，从这种意义上说，它是我拍过的最单纯的电影。事实上，拍这部电影时，现场只有我和一名摄影师，即施密特-莱特维因（Jörg Schmidt-Reitwein），设备和资金都是最少的，这种情况让真正与众不同的直接性成为可能。

我愿意给像你们这样更为亲近的观众看这部电影还有一个原因，是我希望你们之中所有想拍电影的人都能从它那里得到鼓舞。拍这部电影用了不到三万美元。你们应该知道没什么钱也能拍这样一部电影。你们可以只靠胆魄就拍一部电影，只靠你们非拍不可的意愿。实际上，拍摄这样一部电影，你完全可以不花一分钱！你只需要“偷”比如说五万英尺的生胶片，“抢”一部摄影机用两个星期，就行了！

（观众笑）

这就是我愿意放这部电影的又一个原因。

此外，当我们试着确定我在此停留的具体安排时，我亲自请求琢面的总监米洛什·斯特赫利克（Milos Stehlik）和纽约客电影公司的人，也就是负责在这个国家发行我大多数电影的人，安排放映我的一些纪录片，因为它们几乎总是被大众忽视，然而对我来说，它们与我的故事长片一样重要。《沉默与黑暗的世界》里有些东西几乎像是我的一部分一样，但我想说，像《木雕家斯泰纳的狂喜》这样的电影，也在以一种不太一样的方式与我贴近。或许这种贴近感的原因在《斯泰纳》[2]里甚至更清晰一些、更表面化一些，因为它差不多是一部自传电影。我本人曾一度想要成为跳台滑雪世界冠军，我想，正是因为十六岁的时候放弃了跳台滑雪运动生涯，我才真的开始去拍电影。

○ 你究竟是什么时候开始拍电影的？你肯定很早就开始了。你现在三十六岁，所以你那部《生命的标记》一定是在你只有二十四岁的时候拍的。我还了解到在那之前你甚至还拍了四部短片！关于那些影片，你能告诉我们些什么吗？

● 我很早就开始拍电影了。除了想成为一名跳台滑雪运动员外，想要拍电影在我十四五岁的时候也已经相当清晰了。但是，当然了，我有很多年失败和丢脸的经历。我做了每个尝试拍电影的人都会做的一切，但是我并不真正了解这个行业是如何运转的：我把我的项目发给几个制片人和各个电视台……它们全都被拒绝了。这些人把我赶出办公室的方式让我颜面尽失。

但最终当我十七岁半或者快要十八岁的时候……

○ 你十六岁的时候电视台对你不感兴趣？

（观众笑）

● 不，不是那样的，因为当时我已经提交了一个项目——是关于监狱改革的，那些人居然非常喜欢。他们说他们真的想要拍这部电影，但是因为我之前在露面时有过那么难堪的经历，因为我仍然是个在校生，我不想走进他们的办公室。我只是打电话，给他们写信。为了让自己看起来更厉害一点，我甚至还打印了一些带信头的信纸。后来，在两个月的商讨之后——因为我想自己导演这部电影——我无法避免地必须与他们见面。当我最终走进他们的办公室时，一个秘书打开门，他们的视线都越过我，似乎期望看到陪儿子一起来的父亲！

（观众笑）

但是，当然了，我身后没有人。整个过程仅仅持续了十秒钟，然后整件事就结束了，但这让我非常生气。因为这些人说了那么粗鲁又没劲的话，我心里想："天啊，凭什么他们就是'制片人'，就这些混蛋？"

（观众笑）

这些人怎么就成了制片人呢？

我从这次经历中发现，如果我自己不做制片人，我此生都拍不成电影。所以当晚我就开始在一家工厂——一家炼钢厂工作，做焊接。我做了两年，每天从晚上八点到早上六点。白天我仍然在学校，但晚上［上夜班］让我挣到了足够的钱去拍我的前三部短片。

○ 你的第一部电影是用三十五毫米胶片拍的吗？

● 是的，我刚开始拍摄用的就是三十五毫米胶片。

○ 你的前几部电影都拍了些什么？

● 我的短片处女作《大力士》是一部我不太喜欢的电影。我喜欢我的绝大多数电影，但有两部我实在不怎么喜欢。我当时在学习如何剪辑非常多样化的素材，从这个角度来看，《大力士》对我来说只是一种尝试。这是一部关于健美的电影，但它太肤浅了，我无法将它看作讲健美或其他任何事的真正的电影。

然后，1962 年，我拍了《沙中的游戏》。至今只有三四个人看过，我实在不愿意称它为“电影”。有生之年都不愿意！

接下来我拍了《警惕害马人》和《最后的话》，后者是一部我很喜欢的短片，不过它是我在拍摄《生命的标记》期间拍的。我十九岁的时候已经写好了《生命的标记》的剧本，但我花了四年才筹够了拍摄需要的所有资金。所以这是一段非常非常漫长且艰难的奋斗。

○ 从你自那以后拍的电影来看，《生命的标记》是一部风格上相当传统的电影，不是吗？

● 不，我不同意这点。它只是表面上看起来是用传统风格拍摄的，但实际上这真的是一部因具有完全的纯真而独一无二的电影。这是我唯一一部纯真的电影。这种纯真就像处子之身，一旦献出就会永远失去。

○ 换句话说，由于《生命的标记》是你在从未拍过其他故事长片的状态下拍的，所以你在拍摄手法上能保持十足的新鲜感。

● 不，是另一回事。即便现在，每一部电影我都仍然可以用全新的手法去拍。我说的是另一回事。举个例子，当我在一个回顾展上看自己的电影时——最近我就在这样的展映中看过《生命的标记》——我总是非常强烈地感到这部电影是我唯一一部真正纯真的电影。它拍得仿佛电影史不存在一样。这样的事在你一生中只会发生一次，因为一旦你由于拍了处女作或第二部、第三部电影而失去了这种纯真……

○ 那么你就会意识到自己是一名艺术家。

● 不，但我想我们就讨论到这儿吧。我无法更好地解释了。

○ 你的下一部电影是《创世纪》吗？

● 是的。

○ 那部电影第一次在这个国家，尤其是在纽约放映的时候——我不知道它在别的国家引起了什么样的反响——得到了很有敌意的评价。

● 几乎哪里都是这样。

○ 我记得当时所有喜欢《生命的标记》的人——当你带着《创世纪》回到纽约电影节时——他们说："这个冉冉升起的年轻导演来了，这个才华横溢的德国导演，为什么他拍了一部如此难以理解的电影呢？为什么他不想拍一部人们愿意来看的电影呢？"

● 但它并不难以理解。十年前我就知道这一点，我立即告诉那些人，他们很快就会熟悉这样拍摄的电影，而且我认为现在一切都如我所说的那样实现了。十年后，那部电影仍然富有活力——仍然有人来看——我想他们现在觉得它好理解多了。

尽管很奇怪，但人们总是抱着某种期待。他们想让我做他们脑海中想的事情。他们不觉得我也有自己的需求、自己的焦虑、自己的兴趣。因此，比如当我拍出一部像《诺斯费拉图》[3]这样的吸血鬼电影时，每个人都开始疑惑我为什么会想拍一部吸血鬼电影，好像他们就是无法相信似的，然而这部电影与我至今拍摄的其他所有作品的关系都相当密切！

你知道利用电影这种媒体继续工作对于任何人来说都是非常非常困难的，因为总是多少会有公众舆论或公众期望以某种方式干扰你。如果我去跟进所有的公众期望，哪怕只是媒体的期望，我想我就再也拍不出任何电影了。

偶尔——其实是经常——我心里想：为什么这些人都那么愤怒？为什么他们都如此疯狂？为什么他们就不愿接受我做的事情？为什么不能只是来看一看呢？然而，他们来看我的作品时脑海里总是带着某种“预制房屋”的平面图，不知为什么他们希望我的作品应该完全遵循那些预制活动房屋的样子，遵循他们脑子里没来由的执念。

○ 我们如果看过《史楚锡流浪记》就会知道活动房屋从来都是靠不住的！

（观众笑）

不过，如果我被问到——目前还没被问到过，所以我先默默地自问自答——《诺斯费拉图》和你的其他电影在题材和主旨上有什么联系，我的答案是：在很多你的电影中——包括你的故事片和纪录片——你似乎都对生活在极端中的人物表现出一种迷恋。这可以是自己选择的极端人生经历，也可以是客观情况——比如残疾、残忍的行为或只是与生俱来的古怪强加给他们的极端处境。但是，前不久，当我对你说这就是我在你的电影中一次又一次看到的东西——人物活在生死的边缘或存在的极端中——你说这种理解有点太简单了。

● 是的，因为我觉得你说的话带着这样一种认识，比如像卡斯帕尔·豪泽尔这样的人，你觉得他是个古怪的人，或者说是边缘化的人、怪诞的人、极端的人。但是，当你看这部电影的时候，你很快就会发现卡斯帕尔是唯一讲道理的人，唯一有尊严的人，他有着根本的人类尊严——其余所有人才是疯狂、怪诞和诡异的。没错，其余所有人都是诡异的！而且我认为像卡斯帕尔·豪泽尔这样的人不太属于“边缘化”的人物。他们只是非常单纯，能够以某种较为单纯的形式生存。当然，有时候他们面临着巨大的压力，比如斯泰纳[4]，比如菲尼·施特劳宾格（Fini Straubinger）[5]这样的人，甚至比如拍摄《苏弗雷火山》时的我自己。但是在这种压力下，人们会向我们展现出各种各样的本性。这与化学实验中你在发现一种未知物质时所做的事一模一样。当这种情况发生时，你必须把这种物质放到极端的条件下——比如极高的温度、极大的压力、极强的辐射——只有这样，你才会发现你试图去解释、发掘和描述的该物质的基本结构。

○ 某种意义上这就是《阿基尔，上帝的愤怒》里发生的事。

● 几乎是我所有电影里发生的事。

○ 所以，也许当我说你的角色都处在极端中时，并不一定意味着客观上他们自己是“极端”的，而只是意味着他们与身处其中的社会有一种极端的关系。例如，卡斯帕尔·豪泽尔在其余所有生活在当时社会中的人看来，完全就是一个局外人。

● 但他并不是一个局外人，他才是中心，其他所有人都是局外人！这就是那部电影的重点。

我不知道这个国家到底有多少人也认为卡斯帕尔是某种怪诞奇特的人物，如果你们都这样认为，那就和德国观众的情况一模一样。那里的人们对我的电影有多少恨意，你们可能甚至都不会相信。迄今为止，《阿基尔》[6]是十年来我看过的所有电影里得到的评价最恶劣的一部电影。如今，对于《诺斯费拉图》，这种情况还在持续。在德国，我自己的祖国，人们试图把我称作怪人，称作不符合任何模式的诡异疯子。这太荒谬了。他们才疯了！

（观众笑，随后鼓掌）

○ 当你告诉我《阿基尔》在慕尼黑只上映了三周时，我相当惊讶，那是你的家乡啊！然后影片转到另一家影院也只多上映了一周。之后当人们说“呃，我们为什么看不到了”的时候，你告诉他们，如果他们给予影片适当的支持，他们本来都可以看到的。你知道《阿基尔》在芝加哥这里放映的时间甚至都比在那儿要长吗？

● 知道。

○ 首先，我认为芝加哥观众——甚至是大部分美国观众——对他们从来没有听说过的德国导演的电影有一种内在的抵触情绪，但随后一个培养的过程开始了。像琢面[7]、电影节[8]和电影中心[9]这样的地方开始放映所有这些有趣的德国新电影——我强调这点是因为我觉得过去十年里很多最有趣的电影都来自德国，这是公认的——最后的结果是，如今已经培养出一批观众，能够让你的电影在这里进行商业放映，虽然你的电影在这儿不像在罗马那样卖座，比如你的《诺斯费拉图》在罗马刚刚打破了《油脂》最近创下的票房纪录。虽然我们意识到那种程度的商业成功近几年可能不会在芝加哥发生，但是，拿今晚的上座率来说，再考虑你的电影在这座城市几次成功的商业放映，它们似乎都意味着相比在德国，你在我们看来并不那么“诡异”。

● 是啊，是这样的，事实上这段时间我唯一的生存手段就是在德国之外的地方放映我的电影，像阿尔及利亚、墨西哥、法国、南斯拉夫或美国这里。在德国，我不得不几乎一无所成地工作了十一年，没有任何反响。当然也有一些反响，来自一小群朋友和信徒，他们会来看我的所有电影。尽管你确实可以十年、十一年来没有任何像样的公众反响还坚持写书作画，但是对我来说，这么长时间能够靠拍电影生存下来完全是一个奇迹。一直以来我也不太明白我是如何生存下来的，但也许我能够维生的一个最重要的因素就是我的电影在德国以外的地方得到的反响——尤其是在美国——这些年来我的电影受到了越来越热烈的欢迎。你们此时在这里看我的电影，这就是我生存的基础，是我至少十年来的生存基础。这就是为什么我喜欢到这里来。我来这里没有什么别的原因。我通常更喜欢去偏远的地方。芝加哥非常大，而我偏爱去更小一点的、尚未开发的地方，比如蒙古国。

○ 很遗憾美国有的州全境都还未曾商业放映过带字幕的电影。

● 是的，对于这个国家的很多人来说，接受一种外来文化是个巨大的问题，因为这个国家仍旧在非常努力地去定义自己的文化。这里有那么多渊源和那么多不同的少数族群，他们都还处在融合的过程中。这意味着一旦有外面的东西到来，他们总是会设法把“藩篱”完全封闭。所以有时跨越藩篱需要非常非常漫长的时间，这真的不令人惊讶！

○ 也许你想讲讲你那个理论，就是美国人实际上比其自以为的要怪异得多。

● 关于美国人，我之前还说过另一件事，就是这里的人相信自己是正常的、是讲道理的，而世界上其他地方的人都很奇怪。他们似乎不明白现在他们才是世界上最奇怪的人。相信我，我说这些话时怀着极大的同情！

（观众笑）

如今我来过美国几次了，每次来的时候都会再次感到惊讶。比如在旧金山时我打开电视，看到有个牧师为了筹钱呐喊了四个小时，甚至都没有进段广告！

（观众笑）

而且那不是只在加州某处发生的事。这个节目面向全国播放！我记得他的名字叫斯科特[10]，一个白发的……

○ 你拿到他的地址了吗？

● 没有，但是周围有很多出色的牧师，我非常喜欢他们！我想与他们更近距离地接触。

○ 美国这种景象就是你想拍《史楚锡流浪记》和那部讲拍卖商的纪录片《一只土拨鼠能啃掉多少》的主要原因之一吗？

● 关于拍卖商的那部电影大不一样。它讲的是探索终极语言——人类最终能够想象到的一种终极诗歌，讲的是在这种资本主义系统里，语言本身可以发展到什么程度。每个系统都发展出了自己的某种极端语言。例如，在德国，我们把政治宣传的语言发展到了极限，至今仍未被超越。另外一个例子是，东正教在其礼拜仪式中发展出了独特的仪式吟唱方式，这种方式也是无与伦比和相当极端的。如今这个资本主义社会已经开始发展自己的终极语言，对我来说，那就是拍卖商的语言！

○ 你既想拍语速尽可能快的人，但同时又想拍完全无法开口讲话甚至听不见也看不见的人，这点非常有趣。

● 但是这些拍卖商不只是语速快。那简直就像是一种仪式性的咒语。它与我们能想到的终极诗歌是一回事，而且也非常接近音乐。

不过，不管怎么说，《史楚锡流浪记》极深地触及了我所关心的事，因为尤其是在西欧，美国文化和美国电影的影响力是如此强大！所有我们这些拍电影的人都不得不与这种影响力打交道。对我来说，明确我对于这个国家和这种文化的立场是尤其重要的，这就是我拍《史楚锡流浪记》的主要原因之一。

但是拍《史楚锡流浪记》还有一个重要原因，就是我原本想跟布鲁诺（Bruno S.）拍《沃伊采克》。你知道，其实《沃伊采克》的题材来自一位德国诗人创作的戏剧片段。这位德国诗人叫格奥尔格·毕希纳（Georg Büchner），逝于1837年。他可能是德国史上最具独创性的戏剧作家，不幸的是他二十三岁就去世了，留下未完成的、只是一个片段的《沃伊采克》。甚至没有人真正知道那些场景的确切顺序，然而尽管如此，它还是非同凡响！这真的是德语史上最出色的，可能也是最有力的戏剧文本，我想和布鲁诺一起把它拍成电影。但我后来有了别的想法，我感觉不应该是布鲁诺来出演《沃伊采克》，所以我对他说："布鲁诺，我会为你打造一个故事，不是《沃伊采克》，但其中会有《沃伊采克》的基调。"所以我写了《史楚锡流浪记》，尽管《沃伊采克》仍在我脑海中，而且仍不断地困扰着我。

然后在去年，在拍摄完那部吸血鬼电影《诺斯费拉图》仅仅五天后，我就和同样的剧组、同样的主角克劳斯·金斯基（Klaus Kinski），就是你们熟知的"阿基尔"，拍摄了《沃伊采克》。但现在的情况是，在这里，你们可能会在《诺斯费拉图》之前看到《沃伊采克》。

○ 既然你提到了布鲁诺，那个饰演卡斯帕尔·豪泽尔的人，当然也是《史楚锡流浪记》的主角，也许你能给我们讲一点你用布鲁诺的事，他演电影时的感觉，还有你说的他"被关了二十三年"的事。

● 呃，你问我"用"布鲁诺的事……

○ 与他合作，我应该说。

● 是，不过那么说始终暗示着有个道德问题。

○ 我不是那个意思……

● 而且当有人说到"用"布鲁诺的时候，听起来总是像控诉一样，所以我会认为那是在控诉！

（观众笑）

也是，因为与像他一样的人拍电影始终会牵涉到道德问题，而且我认为这是一个无处不在的问题，我们在拍摄和他合作的两部电影期间都意识到了这个问题。

为了你们能明白，关于布鲁诺，也许我得稍微解释一下。他生于柏林，是一个妓女的私生子。她实在不想要这个孩子，所以经常殴打他。后来，当他三岁的时候，她把他打得失去了说话的能力，这成了她把他送进智障儿童收容所的完美借口，而他绝对不属于那里。身处那样的环境让他非常害怕，因为那个地方的其他孩子不是疯了就是智力极为低下，而他相当聪明。所以，在他九岁的时候，在被关在那里六年之后，他开始设法逃跑。但随后，当终于有机会逃走的时候，他却被抓住了，被送进了一家惩教机构。此后，他一次又一次地逃跑，一次又一次地被抓住，每次都被关进更严苛的惩教机构。最终，他有了一长串的轻微犯罪记录，例如流浪行乞和公然猥亵。有一次，冬天下雪的时候，他砸了一辆车睡在了里面。第二天早上警察把他拽了出来，为此他蹲了五个月的监狱。诸如此类，加在一起，他一共被迫在类似的监禁中度过了二十三年的时间，因此，在很多方面，他几乎彻底被摧毁了。当我遇见他时，他真的是我此生见过的最支离破碎的人。但是尽管如此，就和他一起拍电影而言，一旦你决定拍那部电影——或者就此而言，任何一部电影——事情的底线必须始终是服务的交换。为了项目本身，为了拍成一部我们决定共同拍摄的电影，这个过程始终是一种相互利用。布鲁诺知道我们每个人——不管是我还是其他人——都必须让自己的内心情感、懒惰和个人欲望屈从于我们共同的目标。我认为布鲁诺完全了解这一点。

对我来说他了解所有这些的一个标志——一件对我来说非常重要的事——是在拍摄《卡斯帕尔·豪泽尔》的整整六周里，他一次都没脱下过他的戏服。他居然一直穿着他的戏服睡觉。我们住在我们拍电影的那座小镇上的一家旅馆里，但是，由于布鲁诺过去始终处在一种他认为自己可能需要逃脱和拔腿就跑的环境中，他从未在床上睡过。这真的是非常可怜［充满了人的悲怆］。他就拿一个枕头和一条毛毯睡在逃生门旁边的地上。

我还曾经在他自己的公寓里跟他住了一段时间。我们在同一个房间里睡觉，但有一天我必须非常早就起床，五点半就得起，当时布鲁诺还在打鼾，于是走之前我非常轻柔地叫了声“布鲁诺”，告诉他我要走了。他对此的反应太可怜了［深深地充满了不幸］。仿佛你冲他开了一枪似的。他从床上跳下来，站在那儿说：“好的！”就像他马上又要开始逃跑一样。

确实，到底是应该跟他拍电影，还是应该完全与他保持距离，这是一个非常非常重要的问题，毕竟这样的事如此悲惨。但是在当时的特定情况下，我认为布鲁诺明白我们拍的电影也是一部围绕他的电影，也是向他展示他自己的处境的一种方式。这对他来说是一种把事情变得更“透明”的方式，我想他明白这点。不过他也清楚，拍六周电影并不能把已经给他造成的伤害一笔勾销。

那个人的心底还是有着非常非常深重的孤独，对任何人都缺乏基本的信任。尽管如此，有时也会有一些信任的标志。例如，当他想显得非常亲昵却无法直接用言语表达的时候，他会过来抓住我的指尖捏一捏。但是，随后他立即就会控诉我偷他的薪水，就因为我给他开了个银行账户。我之前甚至还要求他自己去开个账户。我试图说服他，这样做是因为当他晚上去酒吧的时候，他只会灌醉自己然后把钱到处乱扔，导致第二天早上他总是会花光所有薪水。这就是为什么我给他开了个账户，但他觉得我和银行老板之间有个大阴谋，想再次从他那儿把钱偷走。所以有一天我让银行老板跟我们共进午餐，好让他跟布鲁诺解释并没有什么阴谋。银行老板花了两个小时试着向布鲁诺解释，只有他本人拿着他的亲笔签名才能随时从账户上取走钱，但布鲁诺仍然不相信。于是我们把钱都取了出来，放在了他的衣柜里！但我了解到他现在终于有了自己的银行账户，他终于相信了这件事。

我还知道他仍然对死亡十分着迷。举个例子，在拍摄《卡斯帕尔·豪泽尔》期间，他最痴迷的是停尸房里的那场戏，以及房间里的那张大石桌。他想拥有那张桌子！他一直对我说："这是张真相桌，因为我们最后全都会一丝不挂地躺在这里，没人会有什么不同。"对于布鲁诺来说，这是真相桌，但它有将近一吨重，所以我们无法买下来。最后我从一间手术室给他买了一张遍布可活动部件的桌子——真是一张好桌子——他现在把它放在公寓里。

嗯，如今他的情况多少好转了一些。他已经搬到了一套三居室公寓里，你会在《史楚锡流浪记》这部电影里亲眼看到它。没错，电影的一部分是在他自己的公寓里拍的，比如片中你看到的钢琴是他用出演《卡斯帕尔·豪泽尔》的薪水买的。所以他的个人状况好了一点，但不是巨大的改变，因为他仍然在柏林的一家炼钢厂工作。他从未辞去那份工作。我们只能在他放假的时候拍这两部电影。

○ 你之前告诉过我布鲁诺在德国至今还是作为一个街头艺人更加知名，而不是作为一名电影人。

● 这种情况只存在于他居住的柏林，他在那里做了十二年街头艺人。如今他熟悉柏林的每一个后院，而且那里的所有人也都知道他。我向你提到这点，只是因为我想让你知道，在我们拍电影的时候，问题主要不在于要把他拉出来站在摄影机前、聚光灯下。在制作这部电影的时候，他在这些后院的一小群观众前露面至少有十二年了，他在柏林已经是一个公众人物了。所以演电影对他来说真的没那么有冲击力。另外，在这之前他已经演过一部电影了。这部出色的电影叫《黑色布鲁诺》[11]，是由一位年轻柏林导演拍的半纪录性影片。实际上，我就是因为这部电影发现的布鲁诺。

○ 当你说你花了十年时间在没有多少经济支持的情况下拍电影，甚至在德国都没有培养出很多追随者时，我本来想问你，你的电影中如果有布鲁诺这样难以捉摸的人做主角，为电影筹钱是不是尤为困难？但随后我意识到你可能从未拍过一部容易筹钱的电影，因为除了拍电影本来就常有的困难，你总是拍那些看起来几乎不可能拍成的电影，例如《阿基尔，上帝的愤怒》。

● 是的，一些制片厂的人曾经问我："看在老天的分上，你是怎么做到自己为那部电影制片的？它肯定至少花了五百万美元！”然后，当我告诉他们拍它只花了三十二万美元时，他们根本不相信我。他们觉得我就是个骗子。他们现在仍然不相信，但我说的确实是真的！

在这个国家，人们总是乐于谈钱，仿佛钱自己就能拍出一部电影一样！仿佛钱曾移过山。但移山的从来不是钱！

○ 不是钱，而是意志。

● 不，不只是意志。是信念或精神——来自为生存而奋斗的人们——或只要纯粹的胆魄就够了！但造就我那些电影的从来不是钱。当然，钱总是牵涉其中——多少有点像让事情运转起来的“润滑油”一样——但那只是拍电影的几个组成部分之一。拍电影从来不是光靠钱。移山的不是钱！

1号学员：你告诉了我们你是从哪里找到布鲁诺的，但《史楚锡流浪记》里饰演不同美国人的演员你是从哪里找到的？他们全都来自威斯康星吗？

● 是的，他们全都是我在威斯康星的普莱恩菲尔德找到的。电影里我叫这个地方“雷尔罗德弗拉特斯”（Railroad Flats），但实际上“雷尔罗德弗拉特斯”是威斯康星州这个叫普莱恩菲尔德的地方，一座有四百八十个人的小镇。五年之内，这个地方的这些人中有八个人变成了杀人犯。

（观众发出惊叹和些许笑声）

最臭名昭著的一位——你们或许听说过——是艾德·盖恩（Ed Gein），他曾把一些人斩首剥皮，用他们的肉和其他类似的东西做了一个王座！他就是一个来自威斯康星普莱恩菲尔德的人。

我跟我的一个朋友埃罗尔·莫里斯（Errol Morris）一起去的那里，如今他已经拍出了一部非常好的电影。那是他的处女作，叫《天堂之门》。争取去看那部电影！你们知道我费了好大劲才说服他拍那部电影的吗？情况是他总向我抱怨自己没有钱拍电影，于是最后我对他说："你只是没有拍电影的胆！"我甚至还说："但是，如果你明天真的开始拍电影了，我就把我的鞋吃了！"——我真的这样做了！

（观众笑）

这就是为什么我今天穿的是新靴子！

回到原题，埃罗尔·莫里斯已经研究这些凶杀案两年了，他有大概五千页的笔录。真是不可思议的材料！但是最终促使我去威斯康星普莱恩菲尔德的原因，是从这些研究中浮现出来的一个问题。他发现艾德·盖恩也挖坟——这件事相当有名——但除此之外，他还发现这些被挖开的坟墓组成了一个完美的圆形，这个圆的圆心正是艾德·盖恩母亲的坟墓！所以我们自然非常好奇，想知道他是否也把自己母亲的尸体挖了出来，找出答案的唯一方式就是夜里去把那个坟墓挖开！

于是，当我在阿拉斯加完成了《玻璃精灵》的部分拍摄后，我们约了一个日子在威斯康星普莱恩菲尔德见面。

○ 他真的把他母亲挖出来了吗？

● 我不知道，因为最终我们没能去挖那个坟墓。我告诉你为什么，因为我的朋友没有出现！当然，我非常有兴趣自己去找到答案，但我是不会一个人干这件事的。找答案本来是埃罗尔·莫里斯自己的战斗。于是，既然他没有出现，我就给他打电话说："我认为我们没去做这件事挺好的，因为有时问题悬而未决比有了答案更好，也更有价值。让这个问题保持悬而未决的状态——他到底有没有把母亲挖出来？——不知道真正的答案，比简单地揭开谜底让人兴奋得多，也有意义得多。"

所以，现在我觉得他那时搞得一团糟然后没有出现是一件好事，不过，在他没出现的那段时间，我们的车在威斯康星普莱恩菲尔德抛了锚，而且周围到处都没有修车的地方。我们问当地人有没有能帮助我们的人，他们都说："有，镇外一英里有个废车堆放场。"所以我们去了那儿，那里有个人，我喜欢得不行……

（观众笑）

但那个废车场本身特别悲惨，鸭子们都在寒风中蹲着。这个废车场的主人有个印第安人［美洲原住民］助手，他总是冲这位助手嚷嚷，踹他屁股。

一年后，当我回来拍摄《史楚锡流浪记》的时候，我再次找到了他，我说："我想在这儿拍一部电影。为你工作的那个印第安人助手在哪里？"他说："什么印第安人？"他甚至都不记得那个印第安人了，因为他只雇了那个人一天，由于太不满意，当晚就解雇了他。他一开始甚至都不记得他曾雇过那个人！但我们最终找到了那个印第安人。

2号学员：在《史楚锡流浪记》里，那两个人坐在拖拉机上拿着枪——当地真的有这样的事吗？

● 不，那是虚构的，但实际上类似的事随时都有可能发生。普莱恩菲尔德确实非常危险，因为那些人都非常热衷于扣动扳机，甚至有时他们看到任何移动的东西都会立即开枪。所以你们看，我们没在那儿挖坟或许真的是一件好事，因为如果他们看见我们在墓地挖着什么，他们可能会连问都不问，直接开枪！

在《史楚锡流浪记》拍摄期间，即便是那个时候，那里也发生了若干起严重的枪击事故，因为当时是狩猎季。你可能知道，每一个狩猎季都有大概二十五万个猎人来到这片区域猎鹿。

在此期间，我让我的剪辑师贝亚特·迈因卡－耶林豪斯（Beate Mainka-Jellinghaus）跟我们一起到拍摄现场去。整天坐在剪辑室里使她非常厌烦，所以最后我对她说："请跟我们一起走吧，来做场记工作。"然而，到那里之后，由于实在是冷极了，她决定穿一件长度及踝的驯鹿皮大衣。当她穿着这件大衣走过一片开阔的田地时，一辆警车突然停下来，两名警察冲出来扑到她身上，就像在橄榄球场上一样！他们把她扑倒在地，因为他们相当确信，她如果再多走五十码就会被枪击中！

你们知道吗，每年那个镇上他们会造成大约十五个人遭到枪击，也会打中大概一百五十头牛！

（观众笑）

而且你们知道在威斯康星普莱恩菲尔德，农民们都会做什么吗？他们会用白油漆在牲口身上写上巨大的字——牛，告诉别人这是一头牛！

（观众笑）

啊，真是个好地方！

（观众笑）

嗯，你们会喜欢那里的。你们知道在美国有一些地方，那里所有力量之线相互交织，像是打成了结，仿佛美国其他地方发生的事件都在那里汇聚一样。这样的地方有华尔街的证券交易所、圣昆廷监狱、迪士尼乐园、拉斯维加斯……还有威斯康星的普莱恩菲尔德！请记住那个小镇！

○ 我意识到我可能不应该问这个问题，但是你觉得自己最好的电影是哪部？是《阿基尔》还是《侏儒流氓》，又或许是《玻璃精灵》？

● 我从不谈论我最好的电影。除了对头两部没那么喜欢之外，其他的每一部我都非常喜欢。我像喜欢孩子一样喜欢我的每一部电影。孩子从来都不是完美的，他们都有自己的弱点和长处，但重要的是他们都很有活力。所有这些影片仍旧非常有活力，所以我无法偏爱任何一部。然而即便如此，我确实感觉像《侏儒流氓》这样的电影会比《阿基尔》活得更长。它会变得更年长。因为某个孩子身体不是特别健壮，你会预见到作为一个人他可能活不过——比如说——六十岁，然而其他孩子可能会活到九十岁，所以，类似地，我认为《侏儒》[12]会比《阿基尔》更长寿。但是话说回来，也可能是我错了。

○ 此刻我有点不知所措，因为《侏儒流氓》是你拍的电影中我从没看过的几部之一，但我想说我觉得《玻璃精灵》非常令人动容，极其神秘且富有诗意。

● 谢谢你这么说，因为这部电影在这个国家的媒体反响尤其恶劣。[也许是因为看一部所有演员都处于催眠状态的电影是一种前所未有的经历。]

○ 它登上了芝加哥每一个十佳影片榜单。

● 是的，但一般来说，它还是那种未被接受的电影，尤其是在这个国家，我非常喜欢那部电影，因为从拍摄中我学到了很多东西。

拍《玻璃精灵》之前，我们安排了很多预备性的测试，在那期间，我们看到了很多有趣的例子，说明了在催眠状态下记忆运转得有多么好。我得知的最迷人的事情之一是，当处在恍惚状态下时，人们可以在何种程度上让心里隐藏很深的东西浮出水面并将之公开表现出来。

但现在我又更进了一步。比如我曾给被催眠了的观众看电影。为了做这件事，我去了一家影院，告诉所有人我会给他们放一部电影，如果他们愿意，就可以在催眠状态下看这部电影。通过这种方式，我发现如果你在催眠状态下看一部电影的话，也许你会有一种从未经历过的梦幻体验。当然，每个人所受到的影响是不尽相同的，会有很多种变化。实际上，每个人都以不同的方式看这部电影，不过我可以说，在催眠状态下看电影的人里，百分之三十的人都有着绝对独一无二的梦幻体验。

这个催眠实验的目的之一，是探索它能把隐藏在很多人心中的那些“诗一般的”梦幻特质激发并突显到什么地步。于是，为了探究他们到底是多么富有创造性，我把他们催眠了。我先告诉他们：“你是一个天才发明家，你正在创造一件疯狂又美好的东西。”然后我对他们说：“现在开始创造吧，当我来到你身边把手放在你的肩上时，你会告诉我你在发明什么，你创造出来的究竟是怎样的机器。”成果是如此惊人，你都难以相信！他们的想象力之丰富简直不可思议！

然后，我试着从那些从未接触过任何形式诗歌的人口中激发出诗意的语言。但你要知道你不能简单地对他们说：“你现在是个大诗人。”如果你这样做的话，他们是不会成为大诗人的。他们甚至连一行诗也写不出来、创作不出来。问题始终在于如何让他们产生联想。于是，在这种情况下，我说的是，他们来到了一个奇特、怪异又美丽的国家，这里的丛林、鸟类和树木的样子是他们此生从未见过的，他们将第一次踏上一座数百年都没有人涉足过的岛屿。我还告诉他们，在他们穿过这片丛林时，他们会偶然发现一块巨石，当走近了看的时候，他们会看到这不是一块普通的石头，而是一块坚硬、光滑的翡翠。我还告诉他们，五百年前曾有一位诗人——一位圣僧曾在这个岛上住过，他是一个伟大的诗人——他在这块石头上留下了一些文字。他用尽一生来刻这些文字，因为这块翡翠是那么坚硬。他花了一生的时间，用一把凿子和一把锤子把这一首诗刻在了这块石头上。然后我告诉他们：“现在，当我把手放在你的肩上时，你会睁开眼睛，你将是第一个有幸看到并阅读这首诗的人。”于是我把手放到一个人的肩上，这个人至少五十五岁了，在一间马厩里工作——一个从未受过任何正规教育的马厩清洁工——然后这个人就开始“阅读”一首真的非常优美的诗歌。他用一种非常奇怪的嗓音开始背诵，他是这么说的：“为何我们无法饮月？为何没有盛月器皿？”就像这样一直持续，非常非常优美。

但在那之后，我决定不再做这样的测试了，因为我对于到底想要研究什么还不够清楚，而且这种测试应该非常小心谨慎地做，因为会有一定的风险。

如今，我认为我们对想象这个过程本身了解得并不太多。我们是如此无知，通过我描述的这种实验，我们或许能够很快就了解得更多一些。这样的知识正是我们所需要的。我们需要得非常迫切，因为我们身处的社会里不再有充分适当的图像，如果我们找不到适当的图像和适当的语言来表达我们的文明，我们就会像恐龙一样灭绝。就这么简单！我们已经认识到诸如能源短缺、人口过剩和环境危机的问题，这些对我们的社会和文明来说是巨大的威胁，但我认为我们还没有充分地认识到我们也一定需要新的影像。

3号学员：有关你所说的新影像，我最近在点映会上看过《诺斯费拉图》，就你对创造新影像的重要性的认识而言，我觉得《创世纪》、《玻璃精灵》和《诺斯费拉图》是将这种认识体现得最为充分的三部电影。我想知道你也是这么想的吗？

● 某种程度上说是的，但与此相同的努力——这种表现新影像的尝试——在我的所有电影中都有所体现。

人们不应该仅凭在银幕上看到的画面就试图定义这个过程，因为它还涉及一种全新形式的“情绪性”，后者以某种方式构成了所有这些电影中影像的基础。例如，如果你们都还没看过《沉默与黑暗的世界》，倘若我只给你们看电影的最后五分钟——一个人拥抱一棵树的场景——你们大家可能都会想，“哦，有个抱着树的人”，仅此而已。发生的事真的非常简单：你只是看到了一个人在感受这棵树、拥抱这棵树，仅此而已。但是，如果你看过整部电影，那么你就会用不同维度的深刻与洞察力去领会这个场景和这段影像。为了让你变得足够乐于接纳和敏感，需要这个场景之前的额外一个半小时的电影，这样你才能明白这是你能在电影中遇到的最深邃的时刻之一。

所以你们看，传递这种意义的不仅仅是影像本身，但要把我到底是什么意思用语言表达出来是非常困难的。既然你们对我的电影有一些共情，或许你们也能理解我的意思，但我知道我无法真正地把它传授给你们。我教不了你们。你们必须自己去看。你们必须能直接感受到它。这就是为什么电影比我对你们说的任何事都重要得多。把我请来，把所有注意力都集中在我个人身上是有误导性的，因为真正重要的是你在银幕上看到的东西。

我不想剥夺你们自己发现一些事的权利，也不想“硬塞”给你们我个人的什么观念。然而，经常发生在我身上的事是，当我试图在非常个人的层面上用语言去解释我在电影中想表达什么意思的时候，人们就把我当作摩西——当作某个先知——然后他们说：“行吧，但是这些电影并没有完全按照他说的那样去呈现。它们不像他说的那样讲得通。”我经常——实际上非常非常频繁——陷入这种麻烦，因为关于他们看的那部电影，我说的话对他们来说似乎经常是讲不通的。因此，这次我不愿意——或者任何时候我都不愿意——把理解这些电影的“秘诀”给你们。

4号学员：我也看了《诺斯费拉图》的点映会，是九十四分钟的美国版，我注意到在几篇关于本片制作的文章中有过描述的几场戏不见了——比如说有一场克莱门斯·沙伊茨（Clemens Scheitz）传播瘟疫的戏，还有一场戏里，克劳斯·金斯基饰演的诺斯费拉图只凭轻轻一挥手就让地平线上的马匹受惊了——我想知道德语版是不是有不同的时长或者有不太一样的内容，还有我们怎么才能看到那个版本。

● 是的，你读到的内容没错。实际上那几场戏确实存在，但它们从来没成为成片的一部分，无论是德语版还是英语版。看起来你知道我们用两种语言——德语和英语——拍了这部电影，两个版本彼此之间有些许不同，但本质上它们是一样的。你提到的两场戏在剪辑初期就都从两个版本里删去了。

这两场戏本身都非常美，尤其是吸血鬼让马受惊的那场戏：这场戏里有几匹马在牧场上吃草，他就站在那儿，非常缓慢地抬起手臂，他的指甲很长，他只是那样做马就惊慌失措了！当然，我们在摄影机后面放了爆炸装置，他一那样做我们就会引燃导火索。这场戏在银幕上看起来效果非常好，但跟它前面的那场戏一起看的话，就感觉太像是马戏团的把戏了，在整部电影的背景下，我不再喜欢它了。

现在来说说你问的关于克莱门斯·沙伊茨那场戏的问题，实际上他有两场戏都被我剪掉了，本身都非常好。我甚至还拍过几段更长的戏，它们也都在成片中被完全剪掉了。

在我所有的电影里都发生过一模一样的事。例如在《阿基尔》里，我至少还有一个小时非常非常美的素材没出现在如今的成片里。同样，在《卡斯帕尔·豪泽尔》里，有些戏放在整部电影的背景下看时就是偏题太远了。在剪辑每一部电影的过程中，我们都不得不经历这种残忍，你必须把这些戏从心里撕下来，扔掉，然后离开。这是你拍电影时必须学习的最痛苦的经验之一——每一部电影中都有某种独一无二的内在节奏，它必须被发掘和尊重，这样的话，其特定的主题才对观众讲得通。

至于你那个关于德语版与英语版差异的问题，你要知道我们只在美国这里决定将成片剪短几分钟。都是我自己剪的，尽管我从未料到我会想这样做，不过通过这些剪辑，我确实学到了一些东西。

在做这些剪辑之前，我们先在试映会上放映了这部电影，参加这些试映会的都是非常非常普通的美国观众——例如出租车司机，还有偶然溜达进影院的人——我发现对这些观众来说，原始剪辑版的《诺斯费拉图》在某些时刻突然变得无趣了。在这些片段之后，得用十五分钟的精彩影像才能把这些观众重新拉回来。

于是，在为《诺斯费拉图》做这些剪辑的时候，我做了跟剪辑《木雕家斯泰纳的狂喜》时一模一样的事情。我拍那部电影基本上是为了上电视，但完成时它成了一部正好一个小时的电影。我想在德国全境的电视上播放这部电影，但是当我带着这部六十分钟的电影去找电视台的人时，他们都疯了，因为在德国，我们对在电视上播放的节目有一个非常严苛的编排模式。我们有——比如说——十五分钟的新闻，不插广告，然后是四十五分钟的纪录片。四十五分钟，这就是我们电视纪录片的长度，所以他们对我说："我们无法播放这部电影，因为它时长一个小时，为了放它，我们得改变整个节目编排结构！"——在联邦德国，这个结构是极其复杂的，因为电视台是国有的，而且联邦政府要参与每一个环节——所以我对他们说："让我试着把它剪到四十五分钟。"然后他们说："如果你剪的话，请你设法剪到四十四分钟十秒，因为我们肯定需要另外五十秒来放电视台标和影片介绍。"所以我回去把电影精确地剪到了四十四分钟十秒长。剪的过程中，我并不觉得我失去了皇冠上的"珠宝”，因为我把拍电影视作一项工艺，而我是一名匠人。

对《诺斯费拉图》也是一样的方式，我得知对于广大美国观众来说，电影的原始版本效果不好——所以我们现在做的就是在美国的大城市里放映带英文字幕的德语版，之后我们也会在更偏远一些的地区放映被剪掉了几分钟的英语版，我对此没有意见。我不觉得受到了伤害。福斯公司的人从来没有坚持要这样剪。

但是我必须告诉你们这些试映会太残酷了！人们被要求填写并交回写着“你有多喜欢这部电影？”的评价卡，然后你要就这部电影给出“优秀”“很好”“好”“一般”“差”“非常差”的评价——这些观众里有很多人是如此讨厌这部电影，他们甚至在评价卡上创造了一个新的选项然后打了钩，这个选项写着：“糟透了！”

（观众笑）

当你收回来的是那样的评价卡时，我的意思是成百上千的这种卡……

（观众笑）

让一部电影上映，让它与观众见面永远是一个极为残酷的过程，电影人必须学习如何挺过去。那才是一种真正的艺术。这种被打中肚子、被踹屁股、被扇巴掌的事你必须扛住——所以，我终归还是认为电影剪成那样是可以接受的！观看被如此剪辑过的电影的人真的没有错过任何事。

○ 二十世纪福斯估计靠法国和意大利的票房就能回本。

● 不，法国票房不归福斯，因为《诺斯费拉图》是福斯与高蒙（Gaumont）联合制片的，高蒙负责法国全境的发行，不是福斯。

不过《诺斯费拉图》在法国取得了巨大的成功。观众数量惊人。这对我来说就是个奇迹。我无法理解。光是在巴黎，首周我们就有八万五千名观众！简直不可思议！只有《星球大战》超过了它！

（观众笑）

至于罗马，我没拿到具体的数据。不过福斯告诉我，仅靠意大利他们就能回本了。

法国和意大利取得的成功让我感觉非常好，因为现在我们没有那么大的压力了，不用通过疯狂宣传来拼命把这个国家的每一分钱都榨出来。你知道这种烂事儿有时会发生的！

4号学员：我能再简短地问你一个问题吗？你的电影似乎都有很强的自发性，但施密特-莱特维因掌镜的画面中却有一种精心策划的美感。照明，甚至是剧情所发生的确切时刻似乎都经过了精打细算，周密程度就像是维米尔（Vermeer）的画作一样。例如，在《苏弗雷火山》中有一刻，摄影机对着太阳——这个“镜头滤镜”的效果就像是波波尔·乌乐队（Popol Vuh）目前这张专辑[13]的封面一样——或者是《诺斯费拉图》里有一刻，当布鲁诺·甘茨（Bruno Ganz）饰演的角色正对旅程感到疑惑时，摄影机就去拍天上逼近的云层。他来到山里。然后他听到了轰鸣声，这些云就压过来了。这些画面似乎都经过了极其周密的计划，但还是保持了一种非常明显的自发感。

● 对，你说得没错。那些画面都设计得非常非常精确。我们对于自己想干什么有着非常清晰的概念，而且施密特-莱特维因是世界上最出色的摄影师之一，他擅长用光——确切地知道该如何照明一场戏——获得这些特殊的效果。

第一次见到施密特－莱特维因时，我发现他身上有一些非常特别的地方。他曾在民主德国包岑（Bautzen）的监狱里被单独监禁了三年半。因此，这个人能看到一些其他人不再能看到的事，所以我对他说："请过来跟我住在一起。"我们在同一座房子里一起住了五年，然后我们就一起去拍电影了。

对于《诺斯费拉图》，我们如此精确地拍摄这些戏是因为我们知道自己正在一个非常特殊的领域里工作——一种"类型"电影的领域，它本身就有着特定的规矩、叙事法则和著名的形象，这些都已经为观众所熟知至少半个世纪了。那就像我想拍一部"西部片"一样，顺便一说，这件事我可不打算去做！

（观众笑）

但是，如果我打算拍一部西部片的话，首先我会问自己："这个类型是讲什么的？它的基本法则是什么？我如何进一步调整和发展这个类型？"

所以画面里这种精确的原因之一，就在于吸血鬼电影的类型需要极度风格化，为了达到那种程度的风格化，你必须拍得非常精确。

但是，在你觉得可能是风格化和精心安排的事物中，也许很大部分还是靠直觉得来的。这不太好解释，但比如那场云雾缠山的戏，拍它只是因为我喜欢那些云，我说："既然我们的摄影机里还有胶片，咱们接着拍这些云吧。"如今，从叙事的角度看，用整整两分钟去展现没怎么动过的云完全没有意义；然而，从全局来看，这个画面是非常美，也非常必要的。

另一方面，偶尔进行某种营造也是有必要的。例如，《诺斯费拉图》的最后一镜是在荷兰一片沙地平原上拍摄的，那里的风非常猛烈，沙子都被吹到了及踝的高度，为了拍摄这场戏，一匹马和马背上的黑衣骑手应该朝着地平线驰骋而去。为了获得恰当的效果，我又单独用逐格曝光拍了一些云的镜头——大约每十秒钟一帧——然后把它们合并到原始的画面中去。我们合并的时候把云的镜头翻转了，所以你们看到的云实际上是上下颠倒的。这产生了一种非常非常奇特的效果，我特别喜欢。

5号学员：你的电影有多少是预先想好的，有多少是边拍摄边创作的？

● 你应该问得更远一些，问我的电影有多少是在剪辑过程中成形的。

不过要笼统地回答你这个问题并不容易，因为每部电影都相当不同。但是，尽可能笼统地说，我的剧本基本上都写成了散文。这些文本里从来没出现过“摄影机”这个词，而且大部分电影里的大多数台词通常都是我在最后一刻写成的。例如《阿基尔》和《卡斯帕尔·豪泽尔》，开拍前十分钟我自己甚至都还不知道对白是什么，随后，在要把一切都准备好的巨大压力下，我肯定得拿出点什么，于是我终于把台词写了。

同理，我经常在拍摄过程中大幅度地修改剧本，在很多部电影中都加入过全新的戏。例如《史楚锡流浪记》，现在的电影结尾与本来剧本中写的相当不同。《阿基尔》在剧本里有着截然不同的开篇和结尾，二者在拍摄过程中都改变了。本来我想用整支队伍身处一万六千英尺高的冰川上为《阿基尔》开场。首先你会看到窄窄的一列动物——猪，有四百头——穿过冰川。

它们会因海拔过高而晕头转向、步履蹒跚。然后你会看到它们只是这支庞大队伍中很小的一部分。在这支庞大队伍的某处，有这么一小群猪！但是我没按照计划去拍，因为海拔让每个人都变得虚弱。在那么高的地方，三个人中就有两个受不了，于是我对自己说，我确实不能按照计划的那样去做了。我知道我们必须得有一个不同的开头，我真的非常喜欢《阿基尔》现在的开场。

不过，一个非常粗略的一般规律是，在我的成片中你看到的大概百分之三十的内容是剧本里没有的。另外，在剪辑期间当然还会有很多进一步的调整。比你能想象的还要多！

但是回答你的问题确实很不容易，因为我拍每部电影都有截然不同的历程。

6号学员：为了设法让你心中的景象呈现在银幕上，比如对于像《阿基尔》这样的电影，你会听取多少剪辑师的意见？

● 我的剪辑师贝亚特·迈因卡－耶林豪斯对我来说非常重要，我想说没有她的话，我就只能形影相吊了。但是我们之间总是会有激烈的争论，在这个过程中她的行为非常奇怪。她对我非常粗鲁，她表达意见的方式有点像最普通的家庭主妇，但不知为什么，她总是有道理。不过有时她也会犯错，我们总是在争吵。

我第一次与她合作是在《生命的标记》剪辑期间。我拍那部电影时真的是费尽了心血。为了它，我付出了很多努力。当她第一次看素材的时候，素材在卷轴上绕错了方向，所以她是倒过来看的。她在施滕贝克剪辑机上快进看了整卷素材，以正常速度的五倍，而且她是倒着看的。结果看完后她说“垃圾！”，随后把整卷素材都扔掉了！

（观众笑）

她说“都是破烂！”，我听到的时候都要晕过去了！毕竟我们在这个片段上花费了五天的时间，我们认为已经拍好了，而她对我们做的所有事说了“不！”。

不过，就像有人具备完美音感，总是能非常精准地认出特定音高一样，最终我知道她就是那种对电影素材有着完美判断力的人，我真的从她那里学到了非常多的东西！尤其是我从她身上学到，当你剪辑一部电影时，在自己的素材面前，你必须成为比侏儒还矮小的人。

6号学员：我还是想再追问一下你的电影中剪辑师的重要性。关于这点，我很好奇你是否曾在剪辑师从未来过片场的情况下拍完过任何电影？也许比起剧情片，纪录片更有可能出现这种情况。

● 除了拍《史楚锡流浪记》那次之外，我的剪辑师从未跟我们一起来过拍摄现场。

6号学员：这是不是意味着你的大多数电影甚至在剪辑师看到素材之前就已经全部拍好了？

● 是的。

○ 例外的那次，剪辑师也差点被枪打死！

（观众笑）

● 我认为剪辑师不在片场有明显的好处。剪辑师与我们做事情的一切努力——与我们每天的所有挣扎——保持距离是非常重要的，这样可以让她对素材本身形成更为独立的观点。

每当我拍了点什么之后，我总是会带着某种主观感情和不理智的偏好来看待它们。例如，也许我非常非常喜欢一部电影中的某个人，比如像沙伊茨这样的人，他很疯狂，但我非常喜欢他。所以剪辑《诺斯费拉图》期间，涉及一个有沙伊茨的片段时，贝亚特·迈因卡会告诉我，“尽管这场戏看起来不错，但是放在全局里是行不通的”，而我会明白她是对的。尽管对我来说剪掉那个片段非常困难，但只要剪掉是正确的，我就会这么做。但是，如果当我们和沙伊茨一起拍那个片段的时候她也在片场——顺便一说，她也很喜欢他这个人——如果她曾在片场与我们共同经历了这些奋斗，她可能就会说：“这场戏从全局来看不太合适，但请你留着吧，因为有沙伊茨啊！”你明白我的意思吗？为了保护她观点的纯度，我认为让剪辑师与电影拍摄现场保持距离是好事。

我们发现，像拍摄《史楚锡流浪记》时那样让她留在片场有着明显的不利。后来对我们来说，那部电影成了所有电影里最难剪辑的一部。

6号学员：对，我明白，但是相较于你的剧情片，拍纪录片时的手法难道没有任何不同吗？换句话说，比如当你拍摄关于斯泰纳的纪录片时，也是在剪辑师有任何干预和提出建议的机会之前，影片大部分就已经拍完了吗？

● 是的，有时她甚至都不知道我在拍什么。我只会告诉她我在南斯拉夫拍一个跳台滑雪运动员，仅此而已。但我也会告诉她：“我会在三月中旬拍完，所以咱们准备好，我一拍完就立即开始剪辑。”

6号学员：这点尤其有意思，因为相当一部分好莱坞故事片用的都是一种与你完全相反的拍摄方式。实际上，对这些电影的大部分来说，素材通常会在拍摄当天被剪辑成“工作样片”，这让他们能够当即决定是否想重拍任何东西。

● 大多数情况下，我甚至都不太喜欢亲自看这些工作样片。即使看的话，通常也只有另外两个人跟我一起看。这两个人是摄影师和他的助理。我不喜欢旁边再有其他人。

7号学员：就我读到的讨论你作品的文章和影评来说，我一直想知道，为什么你影片中配乐的运用会被这个国家的影评人那样忽视。

● 请允许我打断一下，我电影中的配乐在德国也同样常被忽略。从《阿基尔》开始，我的朋友弗洛里安·弗里克为我的几乎所有电影配乐——包括《斯泰纳》《苏弗雷火山》《史楚锡流浪记》《玻璃精灵》——我想方设法地呼吁，想让他获得今年的德国电影奖。他们从未给过他，一直以来他的作品都彻底地被忽略了。一次提名都没有！今年他们居然又一次忽略了他！

7号学员：你不是自己选择电影中的所有配乐吗？

● 大多数是我自己选的。

7号学员：你受过任何音乐训练吗？

● 没有，但我认为周围很少有人知道如何在电影中恰当地运用配乐，即使是那些受过正规训练的人。我始终想不明白为什么我看的大多数电影里的配乐都那么差。当然，也有一些非常非常擅长配乐的人，比如塔维亚尼（Taviani）兄弟。那两个混蛋对配乐的运用明晰得让我感到羞愧。你们必须去看《我父我主》！这是我十年来看过的最好的电影。你们一定要看！如果它要在美国放映，就搭下一班飞机去纽约或者任何能看到它的地方去看！

○ 在芝加哥已经放过了。

● 你们一定要看那部电影！太美妙了。

印度孟加拉地区导演萨蒂亚吉特·雷伊（Satyajit Ray）也了解如何运用配乐，尤其是他拍的一部叫《音乐室》的美妙电影。拜托你们，如果这部电影要在美国哪里放映的话，争取去看！

○ 那部电影也在芝加哥放映过，居然上座率不错。

● 回到刚才的问题上来，大多数时候我都会花很多很多的时间在配乐上。有时我花在配乐上的时间甚至比剪辑还要多。几乎我的所有电影都是现场收音的，但即便如此，通常情况下，比起构建镜头和调度摄影机的工作，我会在准备声音上花费更多的时间、精力，致力于更高的准确度。光是搭好所有的反光板都要耗费数小时，但是准备声音我花的时间更多！多数情况下声音才是定输赢的关键。

我经常看到，当一些年轻导演终于开始拍摄处女作时——当他们终于克服了经济、筹备和所有其他方面的困难时——他们却频繁地在声音方面一败涂地。他们就是不懂声音有多么重要，这种情况特别特别常见，而且知道配乐能够在电影中扮演什么角色的人太少太少了。

配乐对我来说始终是一大要事。即使没有受过任何音乐训练，但我自己完成了《侏儒流氓》的所有配乐工作。我用了一首民歌，通过去掉一些原有的乐器并加入另一些新乐器对它做了稍许调整。然后我找了一个能唱那首歌的十二岁女孩，为了获得她声音中适当的质感，我去了一个山洞，在里面录她唱歌。

我总是非常努力地选择配乐，但这时我通常会与弗洛里安·弗里克非常紧密地合作。例如，为了创作出《阿基尔》的开场音乐，我们用了一种奇特的乐器，我们叫它“合唱风琴”。在它的内部有三十六盘磁带，它们以并行方式循环运转。第一盘磁带的音高是五度，第二盘具有全音阶。所有磁带可以同时播放，乐器配了一架键盘，你可以像演奏管风琴一样去演奏这些磁带，当你按下一个琴键时，一盘对应的磁带就会一直播放。它听起来就像人声合唱，但非常不自然，真的相当诡异。

7号学员：《阿基尔》里有配乐曾被录下来并进行商业发行吗？

● 有的，有一张在欧洲发行过的配乐专辑——在意大利和法国，但没有在德国——我想这张专辑现在也在美国发行了。

7号学员：或许是作为进口碟[14]。

● 除了《阿基尔》的专辑，还有一张《玻璃精灵》的专辑[15]，另外，当然了，弗洛里安·弗里克也出过七八张专辑。其中一些现在能在这里买到[16]。

8号学员：对你的作品影响最大的是什么？是电影，还是音乐和其他种类的艺术？还是别的？

● 我所受最大的影响来自音乐，但第二大影响来自体育运动。

对你们来说这可能不太好理解，但是最近几年我成了一个极早期音乐的狂热听众。十多年来，我越来越多地听比文艺复兴时期还早的音乐，听中世纪晚期音乐，还有许茨（Heinrich Schütz）[17]或蒙特威尔地（Claudio Monteverdi）[18]的作品。奥兰多·迪拉索（Orlando di Lasso）[19]和约翰内斯·奇科尼亚（Johannes Ciconia）[20]的名字你们可能从来没听说过，然而他们的音乐在节奏感和情感上对我的影响超越了一切。

体育运动是我一生都在参与的事。我一直都是一名跳台滑雪运动员，也是一名足球选手，然而当我拍电影的时候，人们似乎总是认为这种工作只是某种抽象的故事发展学术概念或某种纯粹的戏剧工作理论的结果。他们好像没有意识到拍一部电影所涉及的一切。比如说他们不知道每次刚开始拍一部电影的时候我总是非常害怕。此时此刻，我从心底里知道，我下一个项目要拍的电影将会遇到一些我现有能力和优势所难以解决的问题。

我克服这种恐惧的方法一直是在拍摄时努力做些体力活。例如，在《卡斯帕尔·豪泽尔》里，我在你们看到的那个花园里辛勤劳作，那个花园曾经是土豆田，那里所有的草莓、花朵和其他东西都是我种的。另外，甚至当我们在室内拍摄的时候，我也总是会与布景设计师一起努力工作，我们一起搬动很多非常重的家具。例如，我们把一架钢琴搬到某个角落里去，然后我们会琢磨一下，我们可能会想："不，不太对劲。它不应该在那儿。房间有点不平衡。"所以我们会把钢琴搬到别的地方去，然后我们会把书桌搬到刚才钢琴所在的位置，而这又使得有必要把椅子搬到别的地方去——于是，仅仅通过干这种体力活，我突然开始觉得心安，而且我不再只遵照一种审美模式。当然，尽管我的电影里仍然有一种审美模式，但对我来说，从那时起，余下的拍摄只要遵循一种简单的、体力上的模式就好了。

为这个过程举个具体的例子，在《卡斯帕尔·豪泽尔》里，为了布置临终的那场戏，其实我们需要做的只是把床搬到房间中央去，非常迅速地安排六七个人，让他们围着床站着或者坐着。但现在，当我在电影里看到这场戏的时候，我意识到那是一个具有完美平衡的画面，然而我只花了五秒钟就完成了它！我只是让这些人过来，说“你坐这儿，你站那儿，你站那儿，你站那儿，你坐这儿”，仅此而已！这只是一种身体感知，它让我能够掌握那个空间里存在的某种秩序，正是这种认知决定了很多场重要“战役”的胜利。

这正是我无法坐着轮椅执导电影的原因。如果我明天出了车祸，腰部以下都瘫痪了，被困在了轮椅上，这立刻就会成为我电影生涯的终点。我会立刻停下。即使理论上我可以继续，比如如果有人背着我到处走、帮助我的话，但我还是不会再拍电影了。

这也是我喜欢随身带着我的电影拷贝的原因。它们是三十五毫米胶片的，每部大概有五六十磅重。带着它们很不方便，但我喜欢带着它们，只为了一种我能把它们留在一间办公室或者放映厅里的感觉。我能把它们放在地上就转身离开。就像当你连续五个晚上都做了噩梦时，下一个早晨你立即就想告诉你的妻子自己梦见了什么。你马上就想跟别人传达这个梦，就像给这种恐惧起个名字就能让它莫名减弱一半一样，像《侏儒流氓》这样的电影便是这种命名过程的完美例子。只是给焦虑取个名字，只是给一场噩梦命名，让它清晰地表达出来，就像从肩上拿掉了一半负担一样。能从我的肩上卸下那样的东西总是一种巨大的解脱，但尴尬的是，在我放下一件东西的同时，又有三件其他东西压在我身上了。我就是速度不够快，我不知道该怎么办。我再也赶不上节奏了。这就是为什么去年我要努力非常快速地工作。我已经拍了两部长片，写了两本书，还有两部电影正在筹备，但对我来说这样还是不够快！

○ 我记得你说你的下部电影[21]打算雇用一万一千名秘鲁印第安人，这个项目会涉及拉着一艘真的蒸汽船翻越一座山，将它从一个水系拉到另一个水系里去。这是真的吗？

● 是的。

○ 你说你不打算用塑料船和好莱坞假山，而是准备让这一万一千名印第安人拉着一艘真的铁船翻山！你能详细说一下吗？

● 好，但这是一个至今还没完全解决的问题。理论上，我仅靠一根手指就把一艘一万吨重的蒸汽船拉过最高的山峰是可能的。如果我有由五百伏特［折叠］变速器提供动力的合适的滑轮系统，那么我只要轻松地拉动绳子或者拿着它走两英里，这艘船就会准确地往山上走两英寸！所以从理论上讲这个问题很容易解决。但是，当然了，理论上让地球脱离轨道甚至都很容易！这在理论上也是可行的。阿基米德已经说明过了，不只是我，但至今这也只是理论而已！不过说到拉一艘船翻山，我认为那真的是可行的。我们请来的一些非常聪明的人已经有了解决方案，但我们无法运用现代技术，因为故事发生在 19 世纪和 20 世纪之交，所以我们将只能用一些滑轮、杠杆、绳子和其他简单的东西，我们总能做到的。等着瞧吧。我们做得到！

○ 这真是太棒了，就像你在《阿基尔》里做成的一些事一样。

● 是啊，但那跟我现在准备做的比起来就是幼儿园水平！

（观众笑，随后鼓掌）

为了秘鲁的这次拍摄，要做的准备真是太多了！要么你有两千五百万美元和一整年的拍摄时间，要么你有至少三年的时间去做充分的准备，这样的话，你只需要花两三百万美元就能完成所有工作。除非如此，否则像这样的项目是不可能完成的。这部电影里会有一万多人，所有人都需要组织好。他们必须有睡觉的地方。他们必须有戏服穿。此外我们还需要两艘一模一样的船，为了能与第一艘船完全相同，重新建造第二艘船就要花费至少半年的时间。所有这些筹备工作都是非常困难的！

○ 也许你应该让自己轻松一点。

● 人们似乎不明白其实我讨厌拍困难的电影。我讨厌遇到所有这些问题。

这就是我那么喜欢拍《沃伊采克》的原因。我用十八天就拍完了那部电影，我还剪辑了它——一部完整的长片——只用了四天就剪出了成片！电影就应该那么拍。那样简直完美！

你们还应该知道的一件事情是我现在写的东西越来越多了。我从拍电影里学习如何写作，在过去两年半的时间里，我出了五本书[22]。早晚有一天你们会看到这些书的译本。

不过，其中有一本书比我的任何一部电影都更贴近我心。这本书叫《冰雪纪行》（*Of Walking in Ice*），是我在拍摄《诺斯费拉图》期间用夜里的时间写的。我认为这本书会比我的所有电影都重要。

○ 我不信。

● 不，等着瞧吧。

9号学员：关于正在写的这本书，能请你再多说几句吗？

● 我现在没在写书，但我去年写了两本散文书。第一本在九月出版，第二本大概是一个月前面世的。在这两本之前，我还写过三本书，而且我现在也在一些杂志上发表诗歌。

我提到的我最喜欢的这本书基本上是一本日记，是我曾经从慕尼黑走到巴黎的时候写的。本来我没想过出版它，因为里面包含非常私人的内容。写成后四年我都没有读过，但是后来，在《诺斯费拉图》的拍摄期间，我偶然带上了它——这是一本一丁点大的册子，里面是铅笔写的小字——突然之间，我想到这终归不是什么私人文字。它与我的电影非常相似，里面包含了如此多的东西，以至于我觉得自己应该试着去克服对其他人公开时的那种尴尬。所以我重新写了一遍。为了让形式更简洁，我重写了整本日记，删掉了其中一些仍旧非常私人的段落，现在我非常非常喜欢它了！它也许是我一生中最好的一部作品。

我这么说好像听起来很轻松，不过我现在没法把书里的内容展示给你们看。我希望它很快就能被翻译成英语，但这本书将会非常难翻译，因为经常写着写着，其中的一些文字就变成了巴伐利亚方言。书中有很多“错误”的表达——在语法层面上是错误的德语——找到一种把这种“错误”的德语翻译成错误的英语还仍然讲得通的方法将会非常困难。例如，这本书快要结尾的地方有一个德语句子——我们将一起烹调火焰，我们将一起让鱼停下。呃，你能烹调饭菜，但无法烹调火焰；你可以让车辆停下，但无法让鱼停下。你能把鱼抓住，但不能让鱼停下。这样的表达听起来是“错误”的，而且即使是用德语读出来也非常非常奇怪。但即便如此，在这些用德语写就的词句背后还是明显有一种它们在表达绝对真相的感觉。然而，如果像“我们将一起烹调火焰，我们将一起让鱼停下”这样被直译成英语，这些词句就失去了一切。它们只是听起来是错的，除此之外就什么都没有了。这意味着翻译这本书会有非常非常深层次的问题……所以我必须请求你们都去学德语！

（观众笑）

10 号学员：你能不能告诉我们你觉得你的作品跟其他导演的作品之间有什么联系？还有，当今美国电影界有没有谁的作品让你觉得尤其亲近？

● 美国有一位导演对我来说非常重要——他就像是电影界的莎士比亚——那就是格里菲斯（David Wark Griffith）[23]。所以，如果你问我谁是这个国家最重要的导演，我会说：“是格里菲斯……和格里菲斯……还有格里菲斯！”

另外，我还觉得跟一些巴西导演的作品很亲近，例如鲁伊·古雷拉（Ruy Guerra）[24]的作品，他在《阿基尔》里作为演员出镜，还有格劳贝尔·罗恰（Glauber Rocha）[25]。

当然，我还非常喜欢一些日本电影。

甚至在当今德国，还是有一些正在拍摄中的优秀电影，尤其是有“地下”倾向的电影，比如维尔纳·施罗德（Werner Schroeter）[26]的作品。像维尔纳·施罗德这样优秀的人在美国这里如此不被熟知真是非常奇怪。人们总是只聚焦在三四个人身上，却忽略其他那么多人的作品，这真是太不幸了。比如，我也恰好喜欢法斯宾德（Rainer Werner Fassbinder）[27]的一些电影。每四部里就有一部不错的！

（观众笑）

是的，我就是喜欢他这点。他拍出了一些杰作，但你们也应该知道我们还有一些非常优秀的“地下”电影。我觉得跟这些人非常亲近，尤其是克劳斯·怀博尼（Klaus Wyborny）[28]，他即使在我们自己的国家也完全不为人知。也许你们从来没听说过他，但他是一个非常非常好的人。

我也非常喜欢美国的一些“地下”电影，某种程度上我甚至也喜欢一些好莱坞片。你们可能觉得相当奇怪，但是我非常喜欢弗雷德·阿斯泰尔（Fred Astaire）主演的《百老汇旋律1940’》[29]。那是一部非常美妙的电影！

所以你看，周围很多很多人的作品我都很喜欢，我看的很多电影都让我觉得自己不再是孤身一人了。我的意思是，每隔一段时间就会发生这样的情况，当我只是作为受众群体中的一员听音乐或者看一部电影，不掺杂别的身份时，突然我会觉得自己不再是孤身一人了，这完全就是我的作品想要做到的事。不管我的电影在哪里放映，无论观众有多少，如果放映结束后出来的人们让我感到他们也不再孤独——他们觉得自己不再是孤身一人——那么我就做到了想做的一切！那完全就是我想做的，但很多时候我觉得自己跟电影行业的大部分方面，跟其中发生的几乎所有事都格格不入——然而，即便如此，周围还是有足够多的好人让我感到自信。

10号学员：你对电影节有什么看法？你觉得它们有什么好处吗？

● 有两三个电影节我非常喜欢。第一个是戛纳电影节；第二个是特柳赖德（Telluride），科罗拉多州的一个很小的电影节；第三个是德国的一个也非常小的电影节。其他就没什么意思了。

戛纳是一个大马戏团。它就像集贸市场一样。每个人都对我说，“啊，我讨厌戛纳”，然而他们每年都会回到那儿。你总是一次又一次地看到相同的人。它真的就是一个大马戏团，但是话说回来，要记得电影本身就来源于马戏团，这很重要。电影本身就是出自集贸市场，所以我必须承认某种程度上我喜欢戛纳，即使那是一个极为残酷又疯狂的地方。如果你愿意的话，你能在两周内看三百部电影。这是世界上最大的电影市场，这就是某种程度上我喜欢它的原因。

我非常喜欢科罗拉多的特柳赖德电影节，因为它有点像是一个秘密家庭聚会，一些非常好、非常有才华的人聚集于此，他们都特别有活力！

但是一般来说，我认为电影节比好电影多，所以这些少数的好电影总是要面对如此可怕的竞争，这样的竞争很失礼也很不体面。因此，我认为，如果能把现有电影节的数量减少到目前的三分之一会更好。这样就合理多了。

但即便这么说，我也必须坦白电影节曾是我最开始起步的地方，它们对我来说非常重要。所以我无法否认，对于很多导演来说，很多电影节都仍然具有非常实际的价值。例如，我一直极为感激纽约电影节接纳了我的处女作，因为那次接纳第一次在美国为我把门打开了一点点。

11 号学员：你认为你的电影产生过什么样的政治影响力？

● 某种程度上我觉得所有电影都没什么政治影响力。我认为有更强有力的手段可以用来产生直接的政治影响力。

例如，一位出色的公众发言人通过麦克风讲话就是一种非常实际的影响政治的方式。最具影响力的政治家总是演说家，比如列宁，或者比如阿道夫·希特勒。即使是希特勒，如果你多了解他一点的话，就会发现他基本上只是一个演说家而已，他能表达出魏玛共和国以后德国的那种非常模糊、奇怪、漫无目的的恐惧和欲望。他从根本上说还是一个演说家……所以，如果你想进入政治界，去拿个麦克风，然后成为一位演说家吧！

影响政治的另一个非常可靠的方式是利用武器。如果你愿意的话，去拿一把步枪吧。你很快就会发现，一把步枪比任何电影能达到的效果都要精确得多！

但是，即便如此，长远来看，我的确认为电影——包括我的电影——最终会有一些政治影响力，因为它们也许能够改变我们的基本视角，能够改变我们对事物的基本认知。长远来看，这种改变当然会有明显的影响。

○ 在今天的讨论中，说到你的作品时，我们频繁提及“景象”（vision）和“梦幻”（visionary）这两个词，我现在想知道的是，实际的过程是你先开始拍电影，然后这些景象从拍摄过程中发展出来，还是在拍摄电影之前这些景象就已经存在了？

● 从处女作起，我就在脑海里非常清晰地看到了我的所有电影，我所做的一切仅仅是为了让它们能被其他人看见的一系列尝试。当然，这个过程非常困难。拍任何电影都总是会遇到障碍。拍电影始终要与现实妥协，但有时一些新的东西会从这些与现实的冲突中浮现出来。我从来没有拍成过一部像我本来在脑海里看见的那样纯净无瑕的电影。也许电影是做不到的，或许这也是我那么喜欢《冰雪纪行》那本书的原因之一，因为写那样一本书不需要克服什么外部障碍。纸张有耐心，电影没有。

此刻我真的没有更多话可说了，因为我仍然在寻找。但我能向你们保证我的确在地平线上看到了些什么，我也确信某种程度上我已经能够把我看到的东西清楚地表现出来。我仍然在设法表达那些我在地平线上看到的影像。我可能无法完全成功。或许甚至连尝试都是荒谬可笑的——我真的不知道——但我知道我是不会放弃的！

（掌声）

○ 好，非常感谢你与我们共度今晚。

（掌声）

注　释

[1] 即《卡斯帕尔·豪泽尔之谜》,《卡斯帕尔·豪泽尔：人人为自己，上帝反众人》是其德语片名，此处保留伊伯特在大师班上的叫法。后文有时将本片简称为《卡斯帕尔·豪泽尔》，不再另行说明。——编注

[2] 即《木雕家斯泰纳的狂喜》，下同。——编注

[3] 即《诺斯费拉图：夜晚的幽灵》，下文提到的《诺斯费拉图》，如无特别说明，均指该片。——编注

[4] 瓦尔特·斯泰纳（Walter Steiner),《木雕家斯泰纳的狂喜》的主人公。

[5]《沉默与黑暗的世界》里耳聋目盲的女教师。

[6] 即《阿基尔，上帝的愤怒》，下同。——编注

[7] 琢面多媒体中心。

[8] 芝加哥国际电影节。

[9] 芝加哥艺术学院电影中心（The Film Center of the School of the Art Institute of Chicago）。

[10] 吉恩·斯科特（Gene Scott），赫尔佐格拍了一部关于他的纪录片《吉恩·斯科特博士》。——编注

[11] 德语片名为 *Bruno der Schwarze*，1970 年上映，导演为卢茨·艾斯霍尔茨（Lutz Eisholz）。

[12] 即《侏儒流氓》。——编注

[13] 应指波波尔·乌乐队 1978 年专辑 *Brüder des Schattens–Söhne des Lichts*，其中收录了《诺斯费拉图》的部分原声配乐。波波尔·乌 1969 年成立于慕尼黑，后文提到的弗洛里安·弗里克（Florian Fricke）为该乐队主脑。——编注

[14]《阿基尔》的电影原声专辑曾作为进口碟（PLD 6040）在美国短期发行过。但目前，该进口商已决定将大多数进口的“摇滚”唱片从产品名单中删掉，包括波波尔·乌的几张专辑，这意味着《阿基尔》的电影原声专辑在美国暂时买不到。

[15] 波波尔·乌的这张原声专辑目前在这个国家以法国进口碟的形式发售（Barclay 900.536），专辑名叫《玻璃精灵》(*Coeur de Verre*)，由杰姆唱片公司（Jem Records）发行。(为感兴趣的人补充一点，应当指出的是，由金发女郎乐队［Blondie］演唱的流行歌曲《玻璃精灵》［“Heart of Glass”］当然不是本片原声的一部分，实际上这首歌只是从赫尔佐格这部电影的片名汲取了灵感。然而，这首歌录音时该乐队里还没有人看过这部电影。)

[16] 波波尔·乌其他曾在美国以进口碟形式发行过的专辑如下：

Affenstunde (LSB 83460)

The Best of Popol Vuh (PLD 6073)
Brothers of the Shade (Brain 601.167)
Einsjaeger and Siebenjaeger (PLD 6013)
Das Hohelied Salomos (UAS 29781)
Hosianna Mantra (PLD 5094)
In den Gaerten Pharaos (PLD 6009)
Letzte Tage –Letzte Naechte (UAS 29916)
Seligpreisung (PLD 5082)
Yoga (PLD 6066)

另外，赫尔佐格版《诺斯费拉图》的“进口”电影原声专辑不久后将在美国上市，发行商为杰姆唱片公司。

[17] 海因里希·许茨（1585—1672）：巴洛克作曲家，生于德国，以合唱音乐及歌剧作曲家的身份最为知名。

[18] 克劳迪奥·蒙特威尔地（1567—1643）：意大利作曲家，他的作品像是连接文艺复兴和巴洛克时期音乐的桥梁，他被视为现代歌剧的奠基人，也是著名的牧歌作曲家。

[19] 奥兰多·迪拉索（也叫奥兰多·拉苏斯［Orlando Lassus］或罗兰·德拉苏斯［Roland de Lassus］，1532—1594）：最重要的文艺复兴对位法作曲家（contrapuntist）之一，通常也被看作最伟大的荷兰作曲家。

[20] 约翰内斯·奇科尼亚（也叫让·奇科尼亚·德莱奥多［Jean Ciconia de Leodio］，1335—1411）：瓦隆理论家和作曲家，生于列日，在意大利去世。

[21] 即《陆上行舟》——编注。

[22] 维尔纳·赫尔佐格已经出版的书目如下：

Drehbeucher I: Lebenszeichen; Fata Morgana; Auch Zwerge haben klein angefangen (Munich: Skellig Editions, 1977)
Drehbeucher II: Aguirre, Der Zorn Gottes; Jeder fuer sich und Gott gegen alle; Land des Schweigens und der Dunkelheit (Munich: Skellig Editions, 1977)
Drehbeucher III: Stroszek; Nosferatu (Munich: Carl Hanser, 1979)
Greenberg, Alan, *Heart of Glass, Scenario by Herbert Achternbusch and Werner Herzog* (Munich: Skellig Editions, 1976)
Vom Gehen im Eis (Munich: Carl Hanser, 1978)

另外，改编自赫尔佐格《诺斯费拉图》剧本的小说最近已经在美国出版：

Monette, Paul, *Nosferatu the Vampyre: A Novel Based on Werner Herzog's Screenplay for the 20th Century Fox Film* (New York: Avon Books, 1979)

[23] 大卫·沃克·格里菲斯（1875—1948）：杰出的美国导演，他的电影包括《桃丽历险记》（处女作；*The Adventures of Dollie*，1908）、《伯图里亚的朱迪斯》（*Judith of Bethulia*，1913）、《一个国家的诞生》（*The Birth of a Nation*，1915）、《党同伐异》（*Intolerance*，1916）、《世界的核心》（*Hearts of the World*，1918）、《残花泪》（*Broken Blossoms*，1919）、《一路向东》（*Way Down East*，1920）、《暴风雨中的孤儿》（*Orphans of the Storm*，1921）、《美国》（*America*，1924）、《亚伯拉罕·林肯》（*Abraham Lincoln*，1930）和《挣扎》（最后一部"署了名的"电影；*The Struggle*，1931）。

[24] 鲁伊·古雷拉：1931年生于莫桑比克的重要当代电影导演。毕业于巴黎高级电影研究学院（Institut des Hautes Études Cinématographiques，缩写IDHEC），曾是让·德拉努瓦（Jean Delannoy）和乔治·鲁基耶（Georges Rouquier）的助理导演，在巴西拍了其处女作和大多数最为知名的电影。他的主要作品包括《无良的人》（*Os Cafajestes*，1962）、《步枪》（*Os Fuzis*，1964）、《甜蜜猎人》（*Sweet Hunters*，1969）和《上帝与死者》（*Os Deuses e os Mortos*，1970）。

[25] 格劳贝尔·罗恰：1938年生于巴西的重要当代导演。他1958年开始拍电影，后来做了影评人，成为创立巴西电影"新浪潮"（Cinema Novo）的领军人物。他的主要作品包括《变幻的风》（*Barravento*，1962）、《黑上帝白魔鬼》（*Deus e o Diabo na Terra do Sol*，1964）、《痛苦的大地》（*Terra em Transe*，1967）、《安托尼奥之死》（*Antonio das Mortes*，1969）、《七首雄狮》（*Der Leone Have Sept Cabeças*，1970）、《被砍下的头颅》（*Cabezas Cortadas*，1970）和《大地的年纪》（*A Idade da Terra*，1980）。另外，罗恰在让-吕克·戈达尔（Jean-Luc Godard）的《东风》（*Le Vent d'Est*，1970）中以演员身份出镜。

[26] 维尔纳·施罗德：1945年生于德国的重要当代电影导演。他受到欧洲戏剧传统和美国地下电影的强烈影响，1968年开始拍电影。他的主要作品包括《莎乐美》（*Salome*，1971）、《玛利亚·玛丽布罕之死》（*The Death of Maria Malibran*，1972）、《加州柳泉》（*Willow Springs*，1973）、《金色雪花》（*Goldflocken*，1976）、《那不勒斯王国》（*Nel Regno di Napoli*，1978）和《巴勒莫或沃尔夫斯堡》（*Palermo oder Wolfsburg*，1980）。

[27] 赖纳·维尔纳·法斯宾德：1946年生于联邦德国的重要当代电影导演。参与电影拍摄之前在慕尼黑戏剧界和"反戏剧界"都很活跃，1965年开始拍电影，自那时起完成了超过二十五部长片。他的主要作品包括《爱比死更冷》（长片处女作；*Liebe ist kälter als der Tod*，1969）、《R先生为

什么疯狂地杀人？》（*Warum läuft Herr R. Amok?*，1970）、《当心圣妓》（*Warnung vor einer heiligen Nutte*，1971）、《四季商人》（*Händler der vier Jahreszeiten*，1972）、《柏蒂娜的苦泪》（*Die bitteren Tränen der Petra von Kant*，1972）、《恐惧吞噬灵魂》（*Angst essen Seele auf*，1974）、《寂寞芳心》（*Effi Briest*，1974）、《卡斯特婆婆升天记》（*Mutter Küsters' Fahrt zum Himmel*，1975）、《狐及其友》（*Faustrecht der Freiheit*，1975）、《中国轮盘》（*Chinesisches Roulette*，1976）和《绝望》（*Despair*，1978）。另外，法斯宾德还在让－马里·斯特劳布（Jean-Marie Straub）、沃尔克·施隆多夫（Volker Schlöndorff）、尤利·隆美尔（Ulli Lommel）和很多其他当代电影导演的作品中以演员身份出镜。

[28] 克劳斯·怀博尼：1945 年生于德国的重要当代电影导演；他起初是学物理的，之后参与了 20 世纪 60 年代后期实验 / 结构主义风格的电影制作。他的首批电影作品拍摄于 1966 年到 1969 年，这些作品收录在一个叫“恶魔银幕”（Daemonische Leinwand）的多媒体活动中，该活动于 1969 年首次举办。其他更近一些的电影包括 *Percy McPhee: Agent des Grauens. Sechste. Siebte. Folge*（1970）、*Rot war das Abenteuer - Blau war die Reue*（1971）、*Dallas Texas: After the Gold Rush*（1971）、*The Ideal: Ecstasy and Beauty*（1974）、*Fensterfilm*（1975）、*Pictures of a Lost World*（1975）和 *Der Ort der Handlung*（1977）。另外，怀博尼与维尔纳·赫尔佐格一起创作了《卡斯帕尔·豪泽尔之谜》中的梦境片段。

[29] 一部由诺曼·陶罗格（Norman Taurog）执导的电影，由米高梅于 1940 年制作。

第二部分 影 评

《阿基尔，上帝的愤怒》

1977年2月9日

维尔纳·赫尔佐格是最严肃的德国新导演，对困在极端疏离与疯狂中的人物最感兴趣。他的电影似乎有时也困在那里；像《创世纪》这样的电影，片中荒凉沙漠的画面是如此单调和静止，几乎让人看得痛苦不堪。但在1972年，他拍了《阿基尔，上帝的愤怒》，讲的是一段注定失败的南美远征，这是他最通俗易懂（也最令人震惊）的作品。

片名中的阿基尔是疯狂远征队中的一员，这队人马是1560年埃尔南多·皮萨罗（Hernando Pizarro）为了寻找传说中的黄金之城埃尔多拉多（El Dorado）而组建的。在影片开场一系列摄人心魄的画面中，远征队的成员们沿着令人眩晕的小径下行，在酷热的丛林中艰难前进，身穿异常不合时宜的中世纪盔甲。他们在人迹罕至的荒野中迷失，但眼中闪烁着疯狂的热情；他们坚信明天或下周自己就能像皇帝一样富有了。

皮萨罗最终承认失败，命令阿基尔率领一个探险小队到上游去。他需要在一周内回来报到。如果杳无音信，皮萨罗的队伍就将设法返回基地。阿基尔的扮演者是克劳斯·金斯基，赫尔佐格在访谈中称这名演员是偏执狂和精神分裂症患者（“从来没有人能驯服他”）。不管他的精神状态如何，金斯基在这部电影中投入了极其强烈的情感。他支配，他杀戮，他引领，他凝视着摄影机，我们由此得以领会他的秘密愿景——是他，而不是皮萨罗，将会征服埃尔多拉多，统治一个帝国。

赫尔佐格让整部电影在秘鲁实景拍摄，我们看到阿基尔的队伍在木筏上沿着宽阔的河面漂流而下。植被如此茂密，看起来几乎不可能到达岸上。士气低落，高温和热病在木筏上造成了一种梦幻般的不正常状态。阿基尔在团队中挑选了一个最愚笨的人，推举他为“皇帝”——也许是因为有一个统治者会让本不存在的埃尔多拉多感觉更真实一些。

然而死亡是无法抗拒的现实。一个接一个，远征队的成员们被丛林中的印第安人射杀，这些印第安人很少露面但一直在场。毒箭成了生活中的常事；士兵倒在讲其他事情的镜头的背景里。队伍中受保护的女人们无所事事地坐着，她们的地位神圣，职责是等待，直到要繁衍出一个新帝国的时候到来。

赫尔佐格描绘这段河流之旅的画面让我们几乎身临其境。他在影片里用了很长一段时间让我们看河里浑浊的激流；河水无穷无尽，所以远征队永远到不了终点。他让我们看阿基尔炽热的目光，他那张表情凶恶的脸，他要斩杀有不忠嫌疑的士兵的意志。随着一只木筏被印第安人夺去，另一只木筏上的士兵们被箭、热病和自己的疯狂逐渐打败，赫尔佐格还让我们看到了远征队被削弱的过程。

最后的画面是最古怪的，也是最动人的。除了阿基尔和他的妹妹，所有人都被杀害了。她安静地坐着，身穿从西班牙带来的衣服，顺从、听天由命，可能已经疯了。成百上千只小猴子来到木筏上，蜂拥着来来往往；丛林中这群最温顺的居民大胆地叫嚣着它们战胜了这支远征队。阿基尔几乎没注意到它们。他在如今已被淹没一半的甲板上趾高气扬地来回踱步，发誓他将会亲自找到埃尔多拉多，将会单枪匹马地征服它，会靠娶了他的妹妹而令它人口繁盛。

《阿基尔，上帝的愤怒》是一部执迷不悔的电影，讲的也是执迷不悔。由于影片多少改编自真实事件，所以它更加让人觉得不安：这就是贪婪和疯狂能把人类带向的境地。赫尔佐格其他的电影有时语焉不详，而这部在讲述的时候带着直截了当又无情的绝望。

《诺斯费拉图：夜晚的幽灵》

1979年10月5日

暂且把德古拉（Dracula）的故事细节放在一边。它们已经失去了意义。它们已经在上千部吸血鬼电影里出现，被看过太多遍了。如今饰演德古拉跟扮圣诞老人一样容易。这是一份附带行头的工作。孩子们坐在你的腿上，你问他们想要什么礼物，今年他们想要血。

还是来想想德古拉伯爵吧。他忍受着可怕的苦难，却活在美妙的世界里。他现身时伴随着出自大师之手的音乐，身着红与黑的服饰，在萨德侯爵（Marquis de Sade）[1]眼里，这两种颜色反而是最能令人感到安宁的。当德古拉与你亲密而又优雅地交谈时，他的羞愧在于今夜或不久以后，他非喝你的血不可。得知别人会做这样的事是多么尴尬啊。

维尔纳·赫尔佐格的《诺斯费拉图》关注的就是对吸血鬼的这种认知。诺斯费拉图，一个代表吸血鬼的词。英语里存在“吸血鬼电影”（vampire movie）——但有“诺斯费拉图电影”（nosferatu movie）吗？说“vampire”的时候，你的嘴形必定宛如露齿而笑。而说“nosferatu”时看着就像吮吸柠檬。完美。

赫尔佐格的吸血鬼一点都不令人愉悦，而且这也不是一部面向怪物片（creature feature）爱好者的电影。对于那些喜欢哈哈大笑并发出呕吐声的人，有专门为他们拍的电影，其中克里斯托弗·李（Christopher Lee）[2]会让鲜血沿着自己的下巴流淌，上帝爱怜他们，但这些人不是《诺斯费拉图》的观众。这部电影甚至都不吓人。它有时缓慢得宛如在冥想，但是自 F. W. 茂瑙（F. W. Murnau）拍摄于 1922 年的《诺斯费拉图》算起，这部电影里的一系列影像在我看过的所有围绕吸血鬼这个概念的电影中是最富有感染力的。

这就是我们不妨忘记基本的德古拉故事细节的原因。《诺斯费拉图》并未理会它们。这部电影旨在展现吸血鬼行为的氛围和风格，以及这一切中的可怕又迷人的同情。影片前半部分有一个优美的段落，讲主角乔纳森·哈克从家乡的村庄去往德古拉的城堡。伯爵召唤了他，因为他正考虑买另一栋房子。哈克沿着马道前行。他进入一个高峰垭口，那里遍布着缥缈的云层，流转得有点快，仿佛上帝在吸气一样。配乐也不是那种常见的令人毛骨悚然的夸张风格，而是一种令人兴奋又恐惧的激烈旋律。哈克骑着马逐渐深入冰冷的灰色燧石构成的峰峦。有些人会说这一段持续得太久了，其间也没发生任何事。而我却希望整部电影都是如此空旷。

不久之后，我们注视着伯爵本人。克劳斯·金斯基完全忘我地扮演了他。伯爵当然有骇人的自我意识，是金斯基没有。我们一刻都没有感觉到这位演员在享受他所扮演的这个生动鲜活、魅力十足且带有乡土气的角色——有着尖牙、长长的锋利指甲，穿着可以随风舞动的披风。不，金斯基的内心已经变得过于苍老，无法像那样去演绎德古拉：他让自己的身体和嶙峋头骨变得透明，这样角色就能闪烁着穿过自己的躯壳。

耐着性子看两遍《诺斯费拉图》吧，三遍也行。把自己对将会发生什么的预期通通忘掉。跟随影片的步调。这部电影就像一张黑胶唱片：在听得足够多从而把歌词听成纯粹的声响之前，你是无法爱上其中的音乐的。影片是德语的，有英文字幕。不要字幕，再配上一种未知的语言也完全可以。想知道德古拉每时每刻都说了些什么是一种庸俗的矫情。德古拉一直都在说："我此刻对你讲的话就是一种无意义的客套，来为那件不可言说的事拉开序幕，你我心知肚明，那件事迟早将发生在我们二人之间。"

注 释

[1] 萨德侯爵（1740—1814）：法国贵族、情色作家。"施虐"（sadism）和"施虐狂"（sadist）这两个词就来源于他的名字。帕索里尼（Pier Paolo Pasolini）的电影《索多玛 120 天》（*Salò, or the 120 Days of Sodom*，1975）改编自他的作品。——译注

[2] 克里斯托弗·李（1922—2015）：英国演员。他出演过大量的恐怖电影，以在汉默电影制作公司（Hammer Film Productions）出品的一系列恐怖电影中扮演德古拉伯爵最为知名。——译注

《陆上行舟》

1982年1月1日

维尔纳·赫尔佐格的《陆上行舟》是一部秉承宏大电影视野伟大传统的电影。就像科波拉（Francis Ford Coppola）的《现代启示录》或库布里克（Stanley Kubrick）的《2001太空漫游》一样，这是一部进行探求和关于探求的电影，片中主角在探求时的疯狂程度与导演不相上下。这样的电影没有与一般电影处在同一种境界里。虽然你会感觉《陆上行舟》并没有做到尽善尽美——我们可以说它太长了，或者太松散了——但这仍是一部我无论如何都不会错过的电影。

影片讲述了一个梦想家的故事，这个人叫布莱恩·斯威尼·菲茨杰拉德（Brian Sweeney Fitzgerald），居住在那个南美偏僻角落的印第安人和西班牙人把他的名字简化成菲茨卡拉多（Fitzcarraldo，即本片片名）。菲茨卡拉多热爱歌剧。他白天靠制冰工厂挣些微薄收入，晚上则用来梦想新的蓝图。其中一项计划是建造一条横跨南美大陆的铁道，这个计划已经失败了。如今他带着另一个计划整装待发：他认真地打算在热带雨林中建造一座歌剧院，位于距离有文明的河岸一千二百英里的上游，还要把恩里科·卡鲁索（Enrico Caruso）[1]请来演唱一出歌剧。

如果他的计划算得上疯狂的话，那他实现计划的方法则是另一种维度的疯狂。看着地图，他开始对一件事执迷起来：附近有一个水系可以带他通往数十万平方英里地域内的潜在贸易客户——只要有一艘现代蒸汽船能被引入那个水系。他注意到地图上有一个地方，那里一条已经有船只航行的河与另一条河之间仅隔着一片窄窄的土地。他的灵感是：拖着一艘蒸汽船穿过陆地到那另一条河里去，让船浮起来，建立繁荣的贸易，用盈利去建造一座歌剧院——然后把卡鲁索请来！这桩计划是如此难以想象，以至于我们或许都不应该惊讶于赫尔佐格这个故事是由真实事件改编而来，现实中的一名爱尔兰企业家真的曾试图那样做。

历史上的那位爱尔兰人至少足够明智，陆上运送之前先把船拆解了。然而，在赫尔佐格的电影中，菲茨卡拉多决定把船完整无缺地拉上山坡，再从另一侧拉下去。他征募了工程师，设计出能完成这件事的滑轮系统，接着雇用当地印第安土著用人力来推动操纵杆。现在，我们要说到《陆上行舟》拍摄中的那件超越一切理解范畴的事情了：维尔纳·赫尔佐格决心实打实地把一艘真的蒸汽船拉上真山，使用真的滑轮组并且雇用当地的印第安人！为了拍电影，他决定亲自做甚至连菲茨杰拉德本人都从未尝试的事情。

赫尔佐格终于选定了合适的演员饰演菲茨卡拉多，即想出了这个计划的人：克劳斯·金斯基。他出演过赫尔佐格的《阿基尔，上帝的愤怒》和《诺斯费拉图》，这位一头乱发的德国人又再次回归统领大局。金斯基是完美人选。赫尔佐格起初选了贾森·罗巴兹（Jason Robards）饰演这个角色，虽然他在传达强烈的热情方面也天赋异禀，但目光狂野、凶猛的金斯基可以点燃银幕。这个故事还有其他重要角色，尤其是克劳迪娅·卡汀娜（Claudia Cardinale）饰演的那个鸨母，她爱慕着菲茨卡拉多，并且为他的尝试提供资助，但不以金斯基为核心的话，这个故事还能不能成立就值得怀疑了。

赫尔佐格自己的这个拍摄故事本身就很有名，莱斯·布兰克（Les Blank）拍摄的《电影梦》（又译《梦想的负担》）里也讲到了，这是一部关于本片拍摄过程的出色纪录片。可能《陆上行舟》的每分每秒都因我们的这一认知而添彩——我们知道赫尔佐格是“真的”在做我们所看到的菲茨卡拉多在做的那些事。（这部电影没用特效，没用模型，没借助光学效果，没用微缩复制品。）或许我们甚至会想要因赫尔佐格在丛林中所受的煎熬而给这部电影更高的评价。

不过《陆上行舟》关涉的也不都是艰苦和疯狂。影片里有一些富于诗意的卓越画面，赫尔佐格因它们而闻名：甲板上一台老式留声机放着卡鲁索的唱片，这艘船正失控地旋转着驶入一条急流；菲茨卡拉多沿着丛林中的一条小河竭力地划着一艘小船，为了赶上一场歌剧；当然还有那幅震撼至极的景象——那艘真正的蒸汽船正停在半山腰上。

《陆上行舟》不是一部完美的电影，它自始至终没有形成一种统一的叙述。影片结构松散，有时节奏缓慢且缺乏明确的形式。或许这个构思对于赫尔佐格的塑造能力来说太宏大了。这部电影没有像《阿基尔》一样达到完美的境界。然而作为一次探求、一个梦想的记录，作为对人类的鲁莽、愚蠢和天马行空的英雄主义的记录，从未有过其他电影能像它一样。

注 释

［1］ 恩里科·卡鲁索（1873—1921）：意大利著名歌剧男高音歌唱家。——译注

《电影梦》

莱斯·布兰克导演，1982年1月1日

在所有围绕电影拍摄过程的纪录片中，莱斯·布兰克的《电影梦》是最出色的几部之一。这至少有两个原因。一是片中正在拍摄的这部电影——维尔纳·赫尔佐格的《陆上行舟》，涉及影史上一些最煎熬和最危险的实景拍摄经历。另一个原因是这部纪录片出自莱斯·布兰克之手，他本身就是一名优秀的导演，不怕提出困难的问题，不畏惧描绘赫尔佐格的一切，包括他的缺点。

赫尔佐格拍摄《陆上行舟》的故事已经造就了一段电影传奇。影片在南美的热带雨林深处实景拍摄，距离文明社会约一千英里远。当电影的第一版已经完成一半的时候，主演贾森·罗巴兹因患阿米巴痢疾仓促赶回纽约，他的医生禁止他重返片场。赫尔佐格请来克劳斯·金斯基（《阿基尔，上帝的愤怒》的主角）代替罗巴兹，但与此同时，联袂出演的米克·贾格尔（Mick Jagger）因为不得不举办巡回演唱会也离开了摄制。随后，金斯基版的《陆上行舟》由于印第安部落之间的边界之争而陷入困境。整个剧组又搬到一千二百英里外的新拍摄地，那里也波折连连，包括飞机失事、疾病和被不友善的印第安人袭击。都是因为赫尔佐格为自己设定的那个难以置信的拍摄任务，这一切艰难困苦才纷至沓来：他想要展示执迷不悟的主角雇用一群印第安人，只靠滑轮系统把一整艘蒸汽船拉上山坡！

布兰克和他的合作伙伴莫琳·戈斯林（Maureen Gosling）探访了赫尔佐格这部电影的两个拍摄地点。他们的纪录片里有一些之前罗巴兹和贾格尔出场的戏，这是关于他们能看到的唯一记录了。片中还有一些赫尔佐格似乎在慢慢变得疯狂的场面，他责怪丛林的邪恶和自己执念太深。在《陆上行舟》里，你能够看到当人们试图只靠肌肉力量和几个基本力学原理就把一艘蒸汽船拉上陡坡时，随之产生的那种不可思议的张力。在《电影梦》里，布兰克的摄影机后退一步，展示出赫尔佐格希望借以拉动船只的真实机制。一辆巨大的推土机被用来增强滑轮系统，然而实际上几乎不能胜任，负责这个项目的巴西工程师一度转身离开，警告这样做会出人命。

是什么驱使着赫尔佐格拍摄这部不光考验他心智，还将他本人与合作者的生命置于危险境地的电影呢？《新共和》（*New Republic*）杂志的斯坦利·考夫曼（Stanley Kauffmann）认为，对于赫尔佐格来说，这部电影的目的就是去冒死亡风险，而且他的每一部作品某种程度上都是一种充满困难的挑战。赫尔佐格在活火山的山坡上、丛林里和撒哈拉沙漠中心拍摄过电影，还拍摄过在人类生活的边缘地带生存或探索的人物。《电影梦》为我们描绘出了一幅非同凡响的肖像——赫尔佐格正困在自己最狂野的梦中。

《绿蚂蚁做梦的地方》

1984年1月1日

维尔纳·赫尔佐格信仰实景的魔力，他相信如果他在对的地点、对的时间拍一部电影，地点本身的现实就可能会渗入片中，让电影更加真实。他曾经在活火山的山坡上和亚马孙河上游约一千英里的地方拍过电影，在他的新片《绿蚂蚁做梦的地方》里，他来到了澳大利亚内陆一片荒凉炽热的土地。这是一片毫无吸引力的地区，但却是澳大利亚原住民的圣地，他们相信这里是绿蚂蚁做梦的地方，倘若它们的梦被惊扰，无法形容的灾难将降临到他们后代的身上。一家大型的矿业公司并没有原住民的这种信仰，他们想要撕开土壤，寻找铀元素。

影片开场，这家公司正在进行爆破，这样地理学家就能够听到回音，以此来选择可能的采矿地点。原住民们消极地坐在爆炸的路线上拒绝离开，坚持说那些蚂蚁绝不能被唤醒。我们见到了双方的人物：瘦高而笨拙的采矿工程师、毫不妥协的部落首领们、趾高气扬的矿业公司总裁，还有生活在这片沙漠上的各种怪人。

赫尔佐格说过，他用影像而不是概念思考，思考的是他能否找到适合某部电影的画面，他并不在意这些画面传达的意义。在《绿蚂蚁做梦的地方》里，他的这些画面包括一名老妇耐心地坐在内陆地区，面前的地上放着一个打开了的狗粮罐头，等待着在矿井中走失的宠物狗回来。随后我们看到一群原住民坐在一家超市货架间的走道上，那里正是这片地区最后一棵树曾经生长的地方；过去，部落的男人们在妻子怀孕之前就是站在那棵树下“梦想”他们的孩子。我们还看到一片令人惊叹的地面景观，荒芜又孤寂，像月球表面一样。

我们没有看到任何蚂蚁，不过或许这就是赫尔佐格想要的。这部电影最奇特的事情之一（如果你不熟悉赫尔佐格的话，肯定会觉得奇特，他是所有在世导演中最奇特的一位）是片中没有任何基于人类学事实的东西。例如原住民的那些信仰、习俗和行为都不是由研究他们的现实生活得来，而是赫尔佐格为了写剧本虚构出来的。矿业公司和原住民之间的冲突同样也不是来源于过去的新闻头条，而是象征性的，代表类似的“真实”故事，但形式上更具戏剧性。甚至有关蚂蚁生命周期的细节都是编造出来的——赫尔佐格并不知道内陆地区是否真的有蚂蚁。

然而，这部古怪的电影中存在着现实，它来源于两组彼此冲突的信仰。原住民内心深处涌动的信仰和传统启示他们坐着等待，而工程师们永不停歇，确信成功源自勤奋和行动。这种冲突在当今世界随处可见，赫尔佐格不需要虚构这点，只要找到表现它的画面就好了。

《小小迪特想要飞》

1998年10月2日

“人们时常被一些事困扰，”维尔纳·赫尔佐格在《小小迪特想要飞》的开篇对我们说，“他们看起来很正常，但其实并非如此。”他的这部纪录片就围绕着这样一个备受困扰的人，影片讲述了他的故事，他的记忆包括被倒吊起来，头顶着蚂蚁窝，以及跟一条蛇争夺一只死老鼠充饥。

这个人名叫迪特·丹格勒（Dieter Dengler）。他出生在德国的黑森林地区。孩童时的他目睹自己的村庄被美国战斗机摧毁，其中一架经过时跟他家阁楼的窗户只有咫尺之遥，甚至有一瞬间，他与一闪而过的飞行员四目相对。那一刻，迪特·丹格勒知道自己想要飞翔。

丹格勒如今五十多岁，住在加州北部，是一名商人。他请我们到他家里来，小心翼翼地把每扇门开合了一遍又一遍，以确认自己没被锁在里面。他给我们看地板下的大米、面粉和蜂蜜储备。他担心自己会被关起来并且没有东西吃。他为我们讲述了自己的故事。

十八岁的他身无分文地来到美国。他加入海军学习飞行。

他在越南上空执行任务，但“下面有人受苦，有人死亡——在我变成他们的囚犯之后我才明白”。他被击落，成为战犯，成为仅有的七个逃离战俘营幸存下来的人之一。他忍受了抓他的人和大自然的折磨：痢疾、蚊虫叮咬、饥饿、幻觉。

维尔纳·赫尔佐格的《小小迪特想要飞》让迪特自己讲故事，他用急促却生动清晰的英语叙述着，仿佛若不说快点，时间就不够了一样。在他讲述的过程中，赫尔佐格让他身处各个地点：他在美国的家，维尔德贝格的德国村庄，接着是他被击落的同一片老挝丛林。在那里，某些记忆重演了：他被村民铐住双手，被迫步行穿过森林，以及晚上他是如何被木桩固定住躺在地上的。“你无法想象我在思考些什么。”他说。

讲故事的要义在于让它在我们的脑海里产生画面。我能“看见”发生在迪特·丹格勒身上的事，清晰得就像一切都已经演出来了一样，而且他叙述的诗意也为那些画面增光添彩。“在我沿着河边走的时候，有一只美丽的熊跟着我，”他回忆道，“这只熊对我来说就意味着死亡。这真是讽刺——到头来我唯一的朋友是死亡。”还有一次，他站在一大缸水母前说：“这基本上就是我眼中死亡的样子。”伴着《特里斯坦与伊索尔德》(*Tristan and Isolde*)[1]悲伤的主题旋律，赫尔佐格的摄影机移近至那梦幻般浮游着的形体。这里有个很有意思的点要说一下。迪特·丹格勒是一个真人，也确实经历了那一切(还因此获得了荣誉勋章[Medal of Honor]、飞行十字勋章[Distinguished Flying Cross]和海军十字勋章[Navy Cross])。他的故事是真实的。但不是所有他说的话都来自他自己。赫尔佐格在谈话中坦率地透露，是他把某些画面建议给丹格勒的。例如水母的意象——“那是我的主意。”赫尔佐格告诉我。门的开合也一样，不过熊的画面不是。

赫尔佐格有两份事业：他既执导了一些过去三十年里最奇特也最迷人的故事片，也导演了一些顶尖的纪录片。他的很多部纪录片都围绕着有执念的人。例如跳台滑雪运动员斯泰纳，他飞得太远，甚至超过了降落区。或者赫尔佐格自己，冒险前往一座火山岛，采访一个被告知火山即将喷发也不愿离开的人。

赫尔佐格认为作为一名导演，他的使命不是把自己变成一部录影机，而是成为一个合作者。他没有仅仅站在那里观看，而是通过筹划、调整和巧妙地增色，让这部电影利用丹格勒历险的素材，把它塑造成全新的东西。

你遇见了一个有着惊人故事可讲的人，却很少会有时间去聆听，或者有精力去欣赏。养老院护工们抓着斯蒂芬·金（Stephen King）的平装本小说不放；他们身边的老人们却有较之可怕千百倍的故事要讲。一个有趣的人物死去了，讣告说他身上有无数精彩绝伦的故事——但到最后有人仍有心去聆听吗？赫尔佐格以一个谢顶的中年男人开着敞篷车驶过乡间小路为影片开场，然后倾听、提问、塑造，直到迪特·丹格勒的人生经历变得令人无法忘怀。这是一个多么令人难以置信的人啊！我们这样想。然而，如果搭乘飞机时坐在他旁边，我们可能只是会告诉他自己看过他的这部电影，做出客气的评价，然后继续看我们的杂志。对别人的经历感同身受是很困难的。

注 释

［1］ 德国作曲家理查德·瓦格纳（Richard Wagner）创作的歌剧。——译注

《我的魔鬼》

2000年2月11日

维尔纳·赫尔佐格拍了五部由克劳斯·金斯基主演的电影。除他之外，从来没有导演曾跟金斯基合作超过一次。在他们首次合作的影片《阿基尔，上帝的愤怒》的拍摄过程中，金斯基扬言要离开位于亚马孙雨林深处的拍摄现场，赫尔佐格说他要是走就开枪打死他。金斯基在他的自传里宣称是自己拿了把枪，而不是赫尔佐格。

赫尔佐格说那是句谎话。金斯基在书中把赫尔佐格形容成了一个“可恶的、喜欢折磨人的、奸诈的窝囊废”。在《我的魔鬼》里，赫尔佐格说金斯基知道除非自己说些令人发指的话，否则这本自传是卖不动的——所以赫尔佐格就帮他查找了一些能够用来形容自己的恶毒词语。

金斯基去世已将近十年，这段没完没了的爱恨纠缠仍在延续。他们二人，一个是具备远见卓识的德国导演，一个是这位导演五部作品中的缪斯和克星。赫尔佐格的新纪录片《我的魔鬼》回溯了他们共处的历史。他们是所有导演和演员组合中最硕果累累，也最麻烦不断的几对之一。

他们一起拍摄了五部影片:《阿基尔》,讲的是秘鲁丛林中一个疯狂的西班牙征服者;《陆上行舟》,讲的是一个利用滑轮系统把一艘蒸汽船从亚马孙河的一个水系拉到另一个水系的人;《诺斯费拉图》,灵感源于茂瑙的经典吸血鬼默片;《沃伊采克》,讲一个19世纪的陆军列兵,他看世界的另类方式让大家都觉得他疯了;还有《眼镜蛇》,讲的是一个在非洲贩卖奴隶的人。他们每一次合作的作品里都有非比寻常的画面,不过《眼镜蛇》里的金斯基在一大群拿着矛的赤裸亚马孙人之间狂奔的场面可能是最奇怪的。

我在评论《沃伊采克》时写道:“几乎无法想象没有赫尔佐格的金斯基;认真思考一下,这位‘令人过目不忘’的演员与其他导演拍了一百七十多部电影——可这里面我们几乎一部都记不住。”再想想,其实早在赫尔佐格站在摄影机背后之前,他们奇异的羁绊就已经开始。

赫尔佐格给我讲过他们是怎么相遇的。他说,十二岁的时候,“当时我家住在慕尼黑的一栋楼里,有一次我正在庭院里玩,我向上看,看到这个人阔步走过,那一刻我就知道,我的命运是拍电影,他就是片中的演员”。金斯基以他对电影和表演的轻蔑著称,声称他选片完全取决于自己在片场的舒适度。然而,当赫尔佐格叫他来雨林里拍《阿基尔》的时候,即便他将不得不穿着西班牙盔甲步行穿过丛林,结尾时要站在即将沉没的木筏上,身边都是叽叽喳喳的猴子,他还是接受了。为什么?我曾问过他,他严肃地回答我:“这是我的命运。”赫尔佐格信仰实景拍摄,主张特定的地点会产生一种可以渗入影片的魔力。《陆上行舟》本可以利用特效和轮船模型无忧无虑地拍摄，不用跑到亚马孙河上游九百英里的地方去——但赫尔佐格坚持让剧组成员们与世隔绝，坚持把一艘真船拉上真山。当工程师们警告他缆绳会断掉，会把每个人都切成两段时，他解雇了那些工程师。当你得知在片场金斯基比赫尔佐格还要招人恨时，就会觉得事情更耐人寻味了。

赫尔佐格在《我的魔鬼》里回忆起当地的印第安人曾经来找他，说可以帮他杀了金斯基。“我需要金斯基再拍几个镜头，所以我拒绝了他们，”他说，“我一直后悔自己没把握住那个机会。”他早就知晓金斯基的火暴脾气。这个演员其实跟赫尔佐格一家在同一间公寓里住过好几个月，他曾经把自己锁在卫生间里两天，其间自始至终都在叫喊，把里面的陶瓷洁具“砸得粉碎”。他唯一一次能够将自己的愤怒完全融入到角色中是在《阿基尔》里——或许是因为阿基尔与金斯基一样疯狂——片中他献上了影史上最伟大的表演之一。赫尔佐格重游了原来的拍摄地点，回忆他们的争吵，然后让我们看他们刚吵完架就开始拍的那几场戏。

他们之间一定也有不少风和日丽的日子，尽管赫尔佐格只展现了其中一天——特柳赖德电影节时那愉快的一天。因为没有更多的素材去表现赫尔佐格回忆中最深刻的那部分，《我的魔鬼》令人略感遗憾。（莱斯·布兰克享有盛名的纪录片《电影梦》记录了《陆上行舟》拍摄期间的情况，片中能看到这两个人吵得你死我活的样子。）

但作为一部导演对演员的沉思录，这部影片是独一无二的；大多数演艺圈纪录片里都是客套的互相恭维。《我的魔鬼》围绕两个都想占上风的人，他们都认为自己知道所有答案，他们彼此缠绕在爱与恨里无法分离，他们创造出了非凡的作品——尽管两个人对对方做出的贡献总是充满憎恶。

《纳粹制造》

2002年10月4日

维尔纳·赫尔佐格的《纳粹制造》讲述了纳粹德国一个犹太大力士的惊人故事，这个单纯善良的人相信自己能成为“新参孙”[1]，保护他的同胞。1932年他在波兰当铁匠时被星探发掘，很快就成为柏林神秘宫的头牌。神秘宫的管理者是邪恶的汉努森（蒂姆·罗斯［Tim Roth］饰），他梦想成为纳粹政府的神秘部部长。

这位大力士名叫齐什·布赖特巴特，由芬兰运动员约科·阿霍拉（Jouko Ahola）饰演，他曾两次获得世界最强力士的称号。这部电影的奇特魅力很大部分来源于阿霍拉和罗斯的表演，前者没有一丝奸猾的成分，后者则充满了刻意而为的恶毒。他们二人之间有个叫玛尔塔的年轻姑娘（安娜·古拉里［Anna Gourari］饰），她受到汉努森精神力量的支配，也是大力士的意中人。

据赫尔佐格说，《纳粹制造》改编自布赖特巴特的真实故事，他具备强大力量与纳粹神话中雅利安人具有种族优势的说法相矛盾。我可以想象出很多种把这个故事讲失败的方式，但赫尔佐格却将其拍成了一部具有非凡魅力的电影，我们常常对这部影片中接下来将会发生什么毫无头绪。无数电影都讲过大屠杀前发生的事，但我想不出任何一部能像这部这样纯真、直接和无畏。面对日渐强大的邪恶势力，齐什信仰人性，为自己的民族传统感到自豪，并且坚信力量和善良（他将这二者混同）必将胜利。

这部电影具备一部伟大默片的力量，不惧摆出宏伟的姿态并宣扬绝对的道德准则。主角们的选角至关重要，也凭直觉选得很对。蒂姆·罗斯是一个邪恶的江湖骗子，佯装成具有特异功能的人，利用诡计和表演技巧在日益强大的纳粹多数派中谋求地位。在一场戏中，他催眠了玛尔塔，当他肆无忌惮地盯着摄影机的时候，有一瞬我怀疑他那样是不是也可能会催眠观众。影片最后有一场戏，他的秘密被揭露出来，他做了一番令人毛骨悚然、完全愤世嫉俗的演讲。换一部电影、换一位演员的话，或许只是表现一下咬牙切齿而已，然而罗斯和赫尔佐格以真相的揭露为契机，向我们展示出欺骗下潜藏的自我憎恶。

至于约科·阿霍拉，他看起来天生就心地善良、简单率真，这位未经任何表演训练的演员或许再也不会演戏了，但他已经找到了最完美的角色，就像《圣女贞德蒙难记》中的玛利亚·法奥康涅蒂（Maria Falconetti）那样。他表现出了一个单纯的大力士的形象。摄影机可以随心所欲地移近，也从不会发现任何虚假之处。作为一个来自落后村镇的天真的人，他并不是格外虔诚，当餐馆里的一个波兰客人因他和弟弟是犹太人而辱骂他们时，他和对方打了一架。不久以后，他参加了一场马戏比赛，他看到一个大力士举起了一块巨石——然后他就举起了那个大力士和那块巨石，终结了比赛。

星探带他去看了平生第一部电影。很快他来到柏林，汉努森打量着他说："我们会把你包装成雅利安人。犹太人不应像你这样强壮。"齐什被戴上了金色假发和北欧人的头盔，以"西格弗里德"[2]为名示人。随着汉努森胡诌一些"身体力量对抗神秘的黑暗势力"之类的事，齐什逐渐成为观众中纳粹党成员的宠儿。然而他的脑海里不停地思考着眼下的状况，直到最后想出了自己的解决办法——他扯掉头盔和假发，表明了自己犹太人的身份。

这里，赫尔佐格没有拍摄可以很容易想到的后续场景，整部电影他都是这样做的。汉努森发怒了吗？某种程度上是。但随后他就告诉我们说："外面排着三个街区长的队！都是犹太人。他们都想看看新参孙。"之后的一段时间里，希特勒渐渐崛起，但对犹太人的全面屠杀还未开始，神秘宫变成了一个危机四伏的地方，那里的观众们很可能会刀兵相见。

这是赫尔佐格十年来的第一部故事片，他是最具创见的导演之一。为了以意想不到的方式让我们吃惊，他竭力打破电影结构的束缚。他最杰出的作品毫不掩饰地渴望将我们带到神话和神秘事物中去。"我们的文明渴求全新的影像。"他曾对我说。在《纳粹制造》中有这样一幅画面：荒凉的礁石海岸，尖锐的石头上遍布着成千上万只鲜红色的螃蟹，全都在无意识地挣扎爬动，执行着它们作为螃蟹的使命。我想这个场景可能代表了正在兴起的大批纳粹，不过当然不能做这样的直译。或许赫尔佐格想说明的是，人类可以怀着善良的心和意志，从这场无情的优胜劣汰斗争中崛起。

《纳粹制造》中的大力士惹人喜爱也让人深深感动，完全是由于他不同流合污，没有什么宏伟蓝图，与阴谋诡计毫无瓜葛，而仅仅是为自己的父母自豪，以做犹太人为荣，与那个姑娘相爱，相信上帝让他变得强壮是事出有因。他的乐观也许是错的，但他最强大的力量在于他永远不会明白这点。罗斯的角色也同样一心一意，但没有希望或意志——他只是一个阴谋家和操纵者。

观看《纳粹制造》对我来说是一段奇特的体验，因为它让我想起当我们还是孩子的时候电影为我们带来的最根本的力量。这部电影展现出了寓言对其信徒所具有的那种力量。赫尔佐格已超越一般叙事的限制和惯例，为我们揭示了人类轻信行为中的奥秘。

注 释

[1] 参孙（Samson），《圣经》中拥有天生神力的犹太领袖。——编注

[2] 男子教名，源于古日耳曼语。——译注

《灰熊人》

2005年8月12日

“一旦我表现出软弱，我就死了。它们会攻击我，它们会把我的头咬下来，它们会把我劈成碎片——我就死了。迄今为止，我还坚持着。我坚持着。”在维尔纳·赫尔佐格的《灰熊人》里，蒂莫西·特雷德韦尔（Timothy Treadwell）如是说，有点浮夸，有点躁狂。

他讲的是一群野熊，在阿拉斯加州的卡特迈国家公园与保护区，他在它们身边生活了十三个夏天，在此期间了解了它们并对其产生了感情。在2003年的初秋，其中一只熊攻击了他，把他的头咬了下来，把他劈成了碎片，他就死了。这只熊还杀死了他的女朋友。

在不幸尚未发生的那些好时光里，我们看到特雷德韦尔到戴维·莱特曼（David Letterman）的脱口秀节目里当嘉宾。“会发生这种事吗，”莱特曼问他，“有一天我们会在一则新闻报道中得知你已经被其中一只熊吃掉了？”观众们笑了。影片后面，我们听到那个在特雷德韦尔去世数天后取回骸骨的直升机飞行员说：“他把它们当作扮成熊的人来对待。他这是自作自受。可悲的是，他还连累了那个姑娘。”

《灰熊人》与我看过的任何自然纪录片都不一样，它并不赞同特雷德韦尔，也不对动物们感情用事。这部影片是伟大的德国导演赫尔佐格用一些素材剪辑而成的，这些素材包括特雷德韦尔在野外摄制的大约九十个小时的录像，还有赫尔佐格对特雷德韦尔熟人的采访，其中有“灰熊人”（Grizzly People）成员朱厄尔·帕洛瓦克（Jewel Palovak），这是特雷德韦尔建立的组织。她很了解他。

特雷德韦尔是一个皮肤黝黑、相貌英俊的男人，四十多岁，留着瓦利安特王子[1]式的发型，不仅对人有吸引力，十三年来也能吸引熊。他比看起来的样子要更复杂一些。独自一人身处野外时，他录制了一些忏悔式的胡言乱语，其中他谈到自己酗酒正在好转，谈到他对这些熊的爱和“保护”它们的坚决——尽管其他人指出这些熊在国家公园里足够安全，他让它们与人类亲近，对它们来说并无好处。他还有其他的古怪之处，包括模仿的澳大利亚口音，这是为了配合他杜撰的故事——他说自己是从大洋洲地区来的，而不是纽约。

“我曾经在一部电影的拍摄现场见过这种疯狂，”赫尔佐格说，他为本片做了旁白，“我曾见过人类的狂喜和人类内心最黑暗的动荡。”实际上，疯狂是他很多部电影的主题，无论是纪录片还是故事片。看着特雷德韦尔，我想起赫尔佐格的另一部纪录片[2]，里面有一个叫斯泰纳的跳台滑雪运动员，他可以飞得很远，甚至可能会超过降落区，摔在停车场里。或者是《陆上行舟》的主角，他执迷于把一艘船经陆地从一条河拉到另一条河里。

“我命悬一线。”特雷德韦尔对着摄影机说。然而他还是对这些熊心怀浪漫情感，被一堆热气腾腾的“温迪的粪便”感动得欣喜若狂。他兴奋地说，它还是温热的，几分钟之前它还“在她体内”。他给所有的熊都起了名字，当其中两只大型雄性灰熊为了争夺向“萨丁”求爱的权利而打斗时，他还做了现场解说。

在野外的最后两三年里，特雷德韦尔的新女友埃米·于格纳尔（Amie Huguenard）加入了进来。赫尔佐格只能找到一张她的照片，而且当她出现在特雷德韦尔的镜头里时（很少），都很难看清她的面孔。特雷德韦尔喜欢给人一种他是在与熊独处的印象，但赫尔佐格展示了一个显然是由他人手持拍下的镜头——想必是埃米拍的。

讽刺的是，特雷德韦尔和于格纳尔去世的那个九月，其实他们已经动身准备回家了。特雷德韦尔与阿拉斯加航空公司的一名员工发生了口角，取消了飞回家的计划，回到了“灰熊迷宫”（Grizzly Maze）区域，那里他熟悉的大多数熊已经冬眠了。然后他就被一只陌生的熊杀死并吃掉了，似乎他死前几个小时刚拍摄过这只熊。

在被攻击的过程中，他摄影机的镜头盖是盖着的，但声音被录了下来。赫尔佐格在帕洛瓦克在场的情况下听了录音带，然后告诉她：“你绝不能听这个。你不应该留存它。你应该把它销毁，因为它将会成为你一生的负累。”他决定不在电影中放这段音频是明智之举，不仅因为这意味着对受害人亲戚朋友的尊重，而且因为让观众看他听这段录音比让他们亲自听到它要更加有效——虽然这听上去有点奇怪。他告诉我们，我们会听到特雷德韦尔冲埃米叫喊，让她逃命，我们还会听到她试图用平底锅砸那只熊来击退它。

这部纪录片是一次不寻常的会面，一方是特雷德韦尔疯癫的理想主义，另一方是赫尔佐格黯淡无光的世界观。特雷德韦尔拍下来的镜头有时宛如神迹，比如那些展现他与一只狐狸亲密关系的片段，十年来它就像他的宠物狗一样。抑或这些片段：他因为干旱而对上帝怒不可遏，干旱导致河中鲑鱼灭绝，他的熊开始挨饿；他要求上帝降雨，没想到真的下雨了。

旁白里的赫尔佐格持反对意见："我相信宇宙的普遍特征不是和谐，而是敌意、混乱和杀戮。"他还伴随影像，评论了其中一只特雷德韦尔深爱的熊："这种空洞的凝视"显示出的并不是特雷德韦尔以为存在的智慧，而"仅仅是对食物的兴味索然"。

"我誓死保护这些熊。"特雷德韦尔说。在他和埃米成为公园首批，也是仅有的两个被熊杀死的人后，那只犯事的熊被射杀了。人们在他的断手上找到了他的手表，仍在嘀嗒走时。我对他怀有一定的钦佩之情，钦佩他的勇气、鲁莽、理想主义，或者随便你怎么称呼它，然而这是一个导致自己和女朋友被吃掉的人。但你知道吗？他配得上维尔纳·赫尔佐格。

注 释

[1] 瓦利安特王子（Prince Valiant）是一个美国漫画人物形象，由哈尔·福斯特（Hal Foster）于1937年创作，留着独特的发型。——译注

[2] 即《木雕家斯泰纳的狂喜》。——译注

《白钻石》

2005年9月2日

维尔纳·赫尔佐格的纪录片《白钻石》讲的并不是一颗钻石，而是史上最小的几艘飞艇之一，它被设计出来用于飘浮在热带雨林的林冠之上。丛林中的每一个生态位[1]都被已经进化得足以在那里谋生的植物、动物所开拓，生物学家认为未被发现的物种可能终身生活在离地面八十或一百二十英尺的地方。

赫尔佐格向我们介绍了一位名叫格雷厄姆·多林顿（Graham Dorrington）的伦敦研究员，他梦想着从自己的飞艇里伸出手去研究丛林树冠上的标本。就像赫尔佐格的很多拍摄对象一样，他是一个梦想家，说话有点过快，看起来不怎么开心时也会微笑：当一场突如其来的暴风雨可能会把他的飞艇撕成碎片时，他说自己处之泰然，可我们能看出来他并不是这样。

多林顿的飞艇形状就像一滴有尾翼的倒转的泪。它载着一个两人吊舱，由小型发动机来驱动和操控。这艘飞艇使用的是不燃的氦气，不像氢气，曾让兴登堡号（*Hindenburg*）的内部起火[2]，终结了大型齐柏林飞艇执飞观光航线，连接欧洲、巴西、印度和美国的时代。多林顿说，样子像雪茄的齐柏林飞艇很难转向，不像自己的飞艇能够在空中沿中轴转动。不管怎样，这是理论上的说法，当他解释发动机和开关时，我们听到了赫尔佐格的声音，一如既往饱含忧虑，他对我们说："他那时还不知道正是这个开关后来会造成大麻烦。"

赫尔佐格告诉我们，1993 年多林顿曾在苏门答腊测试过一艘早期的飞艇，那次测试以重大事故告终。多林顿描述了他的摄影师迪特尔·普拉格（Dieter Plage）的死：由于一阵疾风，吊舱在高处的树枝上撞坏了，普拉格从吊舱里摔了下来。"那是一起意外。"多林顿说。所有人都同意他的这一说法，然而他还是每天都会自责。如今他准备好再试一次了。

他的飞艇是在伦敦郊外一座巨大的飞机库里建造的，那里曾经是停放飞艇的地方。令人感到奇怪的是，他的飞艇为什么不能在那里测试，而非得运送到南美洲圭亚那的雨林里不可。多林顿是一个正合赫尔佐格心意的人——赫尔佐格，这个本可以在离城市数英里的地方拍摄《阿基尔，上帝的愤怒》和《陆上行舟》的导演，坚持要去几百英里外的雨林里拍片。寻找执迷与古怪的人已经成为赫尔佐格的专长，这些人会逼着自己走向极端；去看他最近的纪录片《灰熊人》，讲的是蒂莫西·特雷德韦尔与阿拉斯加的熊生活在一起，直到其中一只熊要了他的命。

现在来看看第一次试飞时发生了什么。赫尔佐格与多林顿争执了起来。这位科学家想独自试飞。赫尔佐格说初次试飞却不带摄影机很"愚蠢"。（当然了，这也许是唯一一次飞行。）赫尔佐格带了两名摄影师，却坚持要亲自携摄影机踏上处女航。"在自己测试之前，我不能要求一名摄影师登上飞艇。"他说。

当赫尔佐格坐进吊舱扣住安全带时，我们不禁会思考是否赫尔佐格所坚持的正是多林顿的原则——多林顿在其亲自测试之前，也不会允许赫尔佐格登上飞艇。这个悖论就毫无遮掩地摆在那里，这点简直太赫尔佐格了。

当飞艇本应前进却反而后退的时候情况有些危急，赫尔佐格注意到有一台发动机烧坏了，螺旋桨的碎片“嗖”的一声从他的头旁边飞过。为这个探险队驾驶超轻型飞机的飞行教练说多林顿并没有表现出“良好的飞行技术”。多林顿抱怨“七个不同的系统”都失灵了。我们不禁揣度苏门答腊的事故是否会重演。

飞艇掠过林冠，小心翼翼地试探着降落在河流中，这种飞行镜头摄人心魄。忧伤、略微有些基督教会风格的音乐伴随着这些影像。磅礴的凯厄图尔瀑布（Kaieteur Falls）令他们着迷；水是金棕色的，咆哮着汇入一处大漩涡，无数的雨燕和其他鸟类飞入水幕后的一个山洞里。马克·安东尼·耶普（Mark Anthony Yhap）是一名被探险队雇用的当地人，他讲述了关于这个洞穴的传说。队医迈克尔·威尔克（Michael Wilk）亲自携摄影机顺着一条绳子下去看洞穴的内部。在赫尔佐格的项目里，队医是“一名经验丰富的登山者”这种事很常见。在耶普主张洞穴的神圣奥秘必须受到保护之后，赫尔佐格并没有让我们看到队医拍摄的洞穴影像，这更是极其典型的赫尔佐格风格。洞穴里有什么呢？大量的鸟粪，我是这么猜想的。

有些时候，这个探险队的行为会促使我们猜测巨蟒剧团（Monty Python）[3]的素材可能来源于近距离观察实际生活中的英国人。想想那个检测瀑布下行气流的“实验”，依此来判定气流是否强到会对飞艇产生危害。多林顿和赫尔佐格把四个色彩鲜艳的生日气球绑在一起，在下面吊一杯香槟作为镇重物。毫无疑问，气球被吸入了水雾。

马克·安东尼·耶普是影片的宝贵财富之一。被称为“红胡子”的他是一名拉斯塔法里教徒（Rastafarian）[4]，是他为这部电影命名的，因为他说这艘飞艇看起来就像“飘浮在晨曦中的一颗白色大钻石”。耶普喜爱他的红公鸡，这只雄赳赳的鸟有五个配偶，每天早上都能给他下五个蛋。影片接近结尾的时候，耶普获得了亲自乘坐飞艇的机会，他非常享受这段经历，但遗憾的是不能带他的公鸡一起。

尽管《白钻石》本身完全独立，但它还是在赫尔佐格其他奇珍异宝般的作品中赢得了自己的一席之地。这是当今最具好奇心的导演之一，一个会为了拍摄生活在极端情形里的人们不惜走遍天涯海角的人。《苏弗雷火山》是一部 1977 年的纪录片，于上个月发行了 DVD。在这部影片里，他来到了一个因迫在眉睫的火山喷发而全员疏散的岛屿，为的是询问唯一一个留在岛上的人为什么不离开。他真正在问的，他始终在问的，都是为什么自己必须到那里去提问而已。

注 释

[1] 生态位（niche），一种生物在生物种群或生态系统中所占据的位置或扮演的角色。——编注

[2] 1937 年，在一次例行载客飞行中，准备着陆的兴登堡号飞艇在空中起火，船体内的氢气和易燃的蒙皮导致大火迅速蔓延，飞艇在三十四秒内焚毁，造成共计三十六人死亡，成为当时航空界最惨重的灾难之一。——译注

[3] 一个由六个英国人组成的超现实幽默表演团体，被誉为喜剧界的披头士，成员包括格雷厄姆·查普曼（Graham Chapman）、约翰·克里斯（John

Cleese)、特瑞·吉列姆(Terry Gilliam)、艾瑞克·爱都(Eric Idle)、特瑞·琼斯(Terry Jones)、迈克尔·帕林(Michael Palin)。——译注

[4] 拉斯塔法里是20世纪30年代起自牙买加兴起的宗教与社会运动，雷鬼乐深受拉斯塔法里运动的影响。——译注

《重见天日》

2007年7月13日

二战期间，还是孩童的迪特·丹格勒在德国生活，他家位于俯瞰山谷的一片山坡上，他住在阁楼的房间里。他回忆起有一天，一架美国战斗机从距他“只有几英尺远”的地方呼啸而过。飞机的座舱盖是放下来的；一瞬间，他与飞行员四目相对，他一下子就知道了自己想要飞翔。

维尔纳·赫尔佐格的《重见天日》根据丹格勒的真实经历改编，影片开始于越战初期，当时丹格勒是一名美国海军飞行员，驻扎在东京湾的一艘航空母舰上。十八岁的时候，他为了得到美国国籍和飞行机会应征入伍。在老挝上空执行一项机密的违法轰炸任务时，他被击落了，影片包含了他当战俘的经历，他的逃亡和在丛林里为了生存而经受的痛苦斗争。他是仅有的七个从越共战俘营逃出来并且活下来的人之一。丹格勒（由克里斯蒂安·贝尔［Christian Bale］饰演）一开始还嘲笑关他的那座摇摇欲坠的竹“牢房”，直到一个美国同伴对他说：“你还不懂吗？丛林才是真正的牢笼。”

他的磨难包括战俘营里的拷打（他被倒吊起来，头上系了一个蚂蚁窝），还有痛苦不堪的丛林跋涉，在这场跋涉中，最开始有一个叫杜安（史蒂夫·茨恩［Steve Zahn］饰）的美国人做他的同伴，后来变成他独自一人。赫尔佐格没有试图将这个故事渲染成一段激动人心的历险。疟疾、饥饿、昆虫叮咬和绝望，没有任何激动人心之处。相反，这部电影着眼于丹格勒内心战栗的恐惧。

这部故事片在赫尔佐格的念头里很久了，他拍的作品是所有导演中最具原创性和挑战性的。他在1997年的纪录片《小小迪特想要飞》中请来了真正的迪特·丹格勒，片中他带丹格勒重回那片丛林，伴随着丹格勒一段令人紧张得喘不过气来的旁白，他们一起重演了那段逃亡经历。

考虑到这两部电影都是赫尔佐格拍的，这部“虚构的”长片比那部纪录片更加真实或许就不令人惊讶了。对赫尔佐格来说，事实和幻想之间总能来去自由。在《小小迪特》[1]里，我们看到丹格勒着魔般地开合他家的门窗，以确认自己没被锁在里面。那不是真的，赫尔佐格告诉我。这位导演为了戏剧效果而加上了那个细节。同样是在这部纪录片里，丹格勒觉得有一只熊跟着自己穿过丛林，它的到来代表着“死亡，我唯一的朋友”。这似乎只是想象，然而赫尔佐格说这是真的。但在《重见天日》里并没有熊。也许因为这样的情节太难以置信了，这是我的猜想。

实际上，这部电影或许是赫尔佐格拍过的最令人信服的影片。对于一个总被人类极端行为吸引的导演来说，这部电影确实涉及极端行为，不过是受情境迫使的那种。影片里没有什么我们相信不了或者不相信的事。我几乎都要把它与约翰·休斯顿（John Huston）的经典叙事手法相比较了，然而我意识到它有着至关重要的赫尔佐格式的不同。

其中一个差异是对拍摄地点的利用。很久以前，当被问到为什么要千辛万苦到数百英里外的亚马孙雨林里拍摄《阿基尔，上帝的愤怒》和《陆上行舟》时，他说这与“实景的魔力”有关。他觉得演员、导演、摄影师，或许还包括电影本身，都会从拍摄地点吸收一些东西。即使是他那部吸血鬼电影《诺斯费拉图》，他都找到了与 F. W. 茂瑙 1922 年拍摄的原版默片同样的拍摄地点。

《重见天日》是在泰国的丛林里拍摄的，观看电影时我们对于自己身处丛林之中不曾有一丝怀疑。片中没有电影明星匍匐在制片厂外景场地的盆栽灌木后面。画面看上去始终湿湿的、绿绿的，演员们艰难地拨开令人窒息的植被前行。我们几乎能闻到腐烂和潮湿的气息。如果我们不去揣摩贝尔、茨恩和杰瑞米·戴维斯（Jeremy Davies，饰演另一个战俘）演技的说服力有多少来源于他们是真的在那个要命的地方进行拍摄，讨论他们表演的力量就没有抓住重点。

另一个赫尔佐格笔触是音乐。他不接受呼应剧情的传统配乐。在这部影片里他用的不是昂扬的冒险曲，而是阴森、内省、不祥的音乐，出自克劳斯·巴德尔特（Klaus Badelt）之手，加上古典乐和室内乐，还有来自波波尔·乌乐队的乐段，这支德国新世纪风格（New Age）乐队对《阿基尔》和《陆上行舟》的氛围营造贡献巨大。

《重见天日》于 7 月 4 日在美国部分地区上映。影片围绕着一个赢得了紫心勋章（Purple Heart）、空军奖章（Air Medal）、飞行十字勋章和海军十字勋章的人（电影里一枚勋章也没有提到）。对于我们生活的时代来说，这是一部积极向上的爱国电影吗？它并无此意。影片仅仅是这个人的故事。当他终于在欢呼声中回到航母上时，并没有“任务大功告成”的横幅，当他被问到对欢呼的人群有什么忠告的时候，他说：“把满的倒空。把空的装满。如果哪里痒，就挠两下。”

注　释

[1]　即《小小迪特想要飞》。——编注

《走向维尔纳》

利纳斯·菲利普斯导演，2007年8月10日

随心所欲的维尔纳·赫尔佐格喜欢行走，他的《重见天日》如今取得了相当大的成功。受他的启发，至少有两名准导演跟随了他的脚步。忠实读者都知道我极其欣赏赫尔佐格的作品，并且不厌其烦地讲述当他得知身在巴黎的挚友——电影史学家洛特·艾斯纳快去世了的时候发生的著名故事。他随即动身从慕尼黑一路走到巴黎，坚信在他到达之前她不会死，他还真是对的。

还有一次，他绕阿尔巴尼亚走了一整圈（“因为那时你无法进入阿尔巴尼亚”）。几年前我邀请他来我的电影节时，他从南美洲雨林的高原上被放下来，乘独木舟和贸易小艇前行，随后登上一架能带他去坐船的浮筒式飞机，等等。“他来是因为路途如此艰辛，”他的妻子列娜（Lena）告诉我，“如果当时维尔纳在洛杉矶，那就太容易了，他可能就不会去了。”

他的朋友，导演杜尚·马卡维耶夫（Dušan Makavejev）在他的新书《巴尔干电影》（*Cinema of the Balkans*）里提到，维尔纳有一次来到克罗地亚寻祖，并跟随祖先的脚步登上了塞尔维

亚的一座山峰，希望能有助于终结身边肆虐的战争。“生命中最重要的事，”他曾说，“我都会徒步去完成，无论距离远近。”

赫尔佐格、他的电影和他的行走启发了导演利纳斯·菲利普斯（Linas Phillips）拍摄《走向维尔纳》，讲述了他从西雅图行走一千二百英里到洛杉矶去见这位大师的故事。还有另外一部电影目前正在后期制作，来自赫尔佐格的崇拜者——芝加哥的李·卡济米尔（Lee Kazimir），他从马德里走到了基辅。在给我的消息里，卡济米尔引用赫尔佐格的话说：“如果你想拍电影，你不应该去上电影学校，而是应该独自徒步进行一段五千千米的旅程。当你行走的时候，你会比在教室里坐五年学到更多电影的真正意义。”

当他本人变成目的地的时候，赫尔佐格并不鼓励这样的旅程。他警告菲利普斯说，这个年轻人到达的时候他不会在家，因为他会在老挝、缅甸和泰国拍摄《重见天日》。菲利普斯还是坚持要去。卡济米尔向他写信请求得到祝福，赫尔佐格告诉我：“我立刻就犹豫了，也这样告诉了他，因为他会把这段旅程搞成一桩公众事件。按我的理解，徒步旅行是一件必须去做的事，它把一个人最直接地暴露给生活，暴露给纯粹生活（pura vida，西班牙语），这件事应该是私人的。”卡济米尔同样执迷不悔。

《走向维尔纳》是第一部上映的这类电影，但它并不会抢了第二部的风头，因为二者讲的都是旅行者，而非赫尔佐格。影片真正的吸引力不在于这段旅程，甚至也不在于利纳斯·菲利普斯（他给人的印象有点像赫尔佐格的《灰熊人》里的蒂莫西·特雷德韦尔），而在于他在路上遇到的那些人。

其中一些人看起来像那种你可能想走到马路对面去避开的

人，但除了一个有敌意的人和一个悲伤的人以外，他们都神志正常、友善、愉快且乐观。我尤其被罗伯特所感动，他是西雅图波音公司的一名下岗工人，他在酒吧遇见了菲利普斯，对他说："别落得跟我一样的下场。"菲利普斯让他为自己读出电影片名，在徒步开始时请求得到他的祝福。

还有一个叫伊莱的人断食行走，因为"他再也看不到生命的价值了，而且太懦弱了，不敢自杀"。菲利普斯发现"当你徒步旅行的时候不会闲扯"，他遇到的另一个人对他说"我没有灵魂"。沿路走了五英里后，这个人追上菲利普斯改口说："我还是有灵魂的。"

这些遭遇都配有菲利普斯的旁白，还有赫尔佐格的声音，后者通常出自莱斯·布兰克那部惊人的纪录片《电影梦》，该片记录了赫尔佐格拍摄《陆上行舟》的过程。在《陆上行舟》里，赫尔佐格回避使用特效，拉着一艘真的蒸汽船翻越了一座位于两个水系间的真山。"影迷必须能够相信自己的眼睛。"他解释道。

由于菲利普斯的帝利帽[1]（远足好伴侣）下披着金色长发，他曾被错认成女人，当时他不容争辩地纠正了这个印象。他的脸变红了，也变沧桑了；他的脚趾磨出了水泡，尽管他经常住汽车旅馆，但他还是会令人困惑地偏爱走进深夜和走在雨中。他大部分时间看起来都筋疲力尽。他为这段徒步训练过吗？当巨大的卡车呼啸而过时，他计算着被其中一辆撞死的概率。

他留长发的其中一个原因，或许是2003年他在纽约表演过一场叫《利纳斯演金斯基》（*Linus as Kinski*）的单人秀。克劳斯·金斯基是赫尔佐格纪录片《我的魔鬼》中喜怒无常的主角，在节目中模仿了金斯基外形和气质的菲利普斯至今似乎仍处在当时那种角色状态中。

他和赫尔佐格通过邮件交流。“如果你想行走，那就为其他缘由而行走。”这名导演建议他。当菲利普斯考虑到泰国去拍一段会面来为电影结尾时，赫尔佐格回复：“一段访谈配不上当你这部电影的结局。”

注 释

[1] 加拿大公司 Tilley Endurables 生产的帽子。——译注

《在世界尽头相遇》

2008年7月10日

认真阅读一下《在世界尽头相遇》的片名，因为它有两层含义。南极是你从任何地方出发所能到达的最远点，当维尔纳·赫尔佐格前往这里时，他同时也走向了人类湮灭的前景。在永恒的冰层深处，他参观了一条奇特的隧道，侧壁装点着各种各样的纪念品，包括一条远离栖息水域的冻鱼。他揣测，如果在人类文明其余一切迹象都早已灰飞烟灭之后，从另一个星球来的旅行者来到此地，他们会怎么看待这些纪念品呢？

赫尔佐格来到南极洲最大的聚居地麦克默多研究站（McMurdo Research Station）生活了一段时间。他被朋友亨利·凯泽（Henry Kaiser）的水下影片所吸引，片中拍摄了科学家们正在探索海底的镜头。他们用一种爆破装置在冰上炸开一个洞，然后一头扎进去，采集样本，拍摄影像，四处搜寻。他们研究的这片水下世界充满了可怕的屠杀，栖息着残暴的生物，让我们感到欣慰的是，它们小得看不见。这里还有对着彼此歌唱的巨大海豹。赫尔佐格说，为了不限制他们的活动范围，这些潜水员不用安全绳，所以他们必须靠自己再次找到冰层上的那个洞。这种事我连想都不敢想。

赫尔佐格是一个浪漫的流浪者，被极限所吸引。他拍的纪录片与故事片一样多，一直以来的好奇心令他作品频出。在这部电影里，他在麦克默多站漫步，与选择在这永昼永夜中生活的人们交谈。

这是一群奇怪的人。有个女人喜欢把自己塞进行李箱中并拉上拉链，她还在研究站的才艺展示晚会中表演了这项技艺。有个曾经在银行工作的男人，如今在这里驾驶一辆巨大的巴士。还有一名管道工把双手手指对在一起，展示他的食指和中指一样长——他说这从基因上证明了他是阿兹特克[1]国王的后裔。

尽管我的描述让这部电影听起来像一部游记或是一场怪人博览，但这却是一首奇异与绮丽的诗。赫尔佐格与其他导演截然不同，一旦回到他的作品，我们就会被迎入一片世界——比我们身处的大得多也怪异得多。水下摄影本身就能撑起一部电影，但这里的内容远不止于此。想想那些研究南极洲活火山的人，有时他们会进入冒出地表的火山烟雾中，赫尔佐格用他那充满惊叹又精确的旁白说道，不过他们必须小心，在火山喷发的时候不去这样做。碰巧今天在芝加哥上映的另一部电影（《地心历险记》）也讲到了火山通道。可不要将这二者混淆。这些人面对的是真正的火山。

他们的生活还围绕着怪物片的录像、一台珍贵的冰激凌机和永昼期间活动房屋顶上的一场弦乐演奏会。他们还有一些令赫尔佐格感到绝望的现代便利设施，例如一台自动取款机，在这个地方，无论是机器本身、机器里面的钱，还是用这台机器的人，全部都必须空运过来。很明显，赫尔佐格爱这些人，因为他们和他一样，为了逃离世俗，为了挑战非凡的极限，不惜长途跋涉来到此地。不过他们和《灰熊人》的主角蒂莫西·特雷德韦尔不同，赫尔佐格的那部纪录片讲的是一个自以为能跟熊生活在一起还不被吃掉的人，然而他错了。他们之间的区别在于，特雷德韦尔是一个愚蠢的幻想家，而这些男女是为了拓展关于这颗星球的知识，是为了探寻生与死本身的奥秘，才身处这片荒芜之地。

赫尔佐格的手法让这部电影看起来像是偶然拍下来的，尽管偶然与此毫无关联。他叙述的方式让我们仿佛在看一部讲他上次度假的影片——随意、口语化、令人着迷。他谈论遇见的人、看到的景象和产生的想法。随后，一幅巨大的图画不可阻挡地映入我们的眼帘。这颗星球正在自取灭亡，麦克默多就处在最前沿上。人类发展过快，挥霍过度，消耗过多，冰冠在融化，我们都将湮灭。当然，赫尔佐格并没有直接这样说；他表达得更含蓄，他的视野更广阔。他的所见促使他得出结论。从某种意义上说，他的电影在跨越空间的同时也穿越了时间，我们看到了我们最终可能留下的东西是多么的少。他并未因这幅前景而沮丧，只是在不停地思索。我们来了，我们看见，我们征服，[2]然后我们留下了一条冻鱼。

一开始他就提醒我们，他的南极洲之旅不是为了拍摄“毛茸茸的企鹅”。不过影片中也有一些企鹅，其中的一只踏上了一段旅程，这段旅程虽然想必早已终结，却仍在我记忆中萦绕至今。

* 赫尔佐格把这部电影题献给我。我深受感动，备感荣幸。

注 释

[1] 阿兹特克人（Aztec）生活在墨西哥中部，在14世纪到16世纪期间统治着中美洲的大部分地区。——译注

[2] 改写自恺撒名言“我来，我见，我征服”。——编注

《坏中尉：新奥尔良港》

2009年11月18日

维尔纳·赫尔佐格的《坏中尉：新奥尔良港》描绘了一个恶劣的人物形象，他是一个强奸犯、杀人凶手、瘾君子、腐败警察，一个会因鬣蜥而感到非常不安的堕落偏执狂。影片将他置于2005年卡特里娜飓风过后不久满目疮痍的新奥尔良。它没有试图美化那座传奇之城。围绕着一个狡诈却英勇无畏的人，这部影片逐渐展现为一部诡异的喜剧。

没有人比尼古拉斯·凯奇（Nicolas Cage）更能胜任这种类型的表演了。他是一个无所畏惧的演员。他不在乎你会不会觉得他演得太过头了。如果影片有这样的需要，他会用流着血的手指，两手交替着攀到顶点。注意他在各种各样影片中的表现，例如《我心狂野》和《离开拉斯维加斯》。他和赫尔佐格注定要合作。他们都对小心谨慎毫无耐心。

在坏警察的形象长廊里，特伦斯·麦克多纳[1]首屈一指。所有人都会理所当然地想起阿贝尔·费拉拉（Abel Ferrara）1992年的杰作《坏中尉》[2]中哈威·凯特尔（Harvey Keitel）饰演的那名中尉。我希望赫尔佐格的这部电影会让你想把那部也找来看看。很值得找一下。费拉拉的悲剧是莎士比亚式的，而赫尔佐格则更像科马克·麦卡锡（Cormac McCarthy）[3]。有时即使是走在通往地狱的路上，你还是会忍不住笑出来。

在这座被许多市民和大部分好运遗弃的城市里，麦克多纳在无人监管的情况下在午夜街道上游荡。他为自己尽责，自我保护。他就是法律，而法律又因他的个人利益而存在。在一家夜总会外面蹲守的时候，他看见一对年轻情侣从里面出来，便跟随他们到了一个空无一人的停车场。他叫住他们，搜他们的身，在男人身上搜出了一点微不足道的毒品，接着开始实施逮捕。男人哀求他。他怕父亲知道这件事。他行贿。麦克多纳对钱不感兴趣。他想要的是毒品和那个姑娘，他侵犯了她，因为她男朋友就在旁边看着而感到兴奋。

这部电影与费拉拉那部仅有两个共同点：一是片名；二是展现一个道德沦丧的瘾君子。一部电影的重点不在于讲什么，而在于怎么讲。费拉拉毫无怜悯之心地看待其片中的中尉。而赫尔佐格可以像上帝那样宽厚。一个急不可耐的瘾君子什么事都做得出来。他会背叛家庭、爱人、职责和自己。他不能自已。由于上瘾是一种疾病（尽管存在争议），所以我们不要轻易评头论足。毒品和酒精都很可怕，但毒品会迫使受害者更快速地走向毁灭。

赫尔佐格呈现了麦克多纳的身体因背痛而歪向一边的情形。他刚开始服用处方药维柯丁，很快就换成了可卡因。作为一名警察，他到处发掘货源。他从其他瘾君子和毒贩那里偷毒品。他还趁着卡特里娜飓风过后的混乱局面从警察证据室里偷窃。乔治·卡林（George Carlin）[4]说：“可卡因是什么感觉？它让你还想再来点。”

麦克多纳有一个叫弗朗姬的女朋友（伊娃·门德斯［Eva Mendes］饰）。她是一名妓女。他对此没什么意见。他给她毒品，她有时也会为他准备一些。他们共享瘾君子渴求的东西：同情和理解。他们并肩对抗恐惧。他还与六十多岁的父亲帕特（汤姆·鲍尔［Tom Bower］饰）关系亲密，与帕特四十多岁的伴侣吉纳维芙（珍妮弗·库利奇［Jennifer Coolidge］饰）关系不好。他父亲曾有过参加匿名戒酒会的经历。吉纳维芙胸部丰满，整天啤酒不离手。他们住在教区一座逐渐衰败的乡村住宅里。帕特知道对自己儿子该有什么期待，它们也确实都实现了。

多色人物让麦克多纳目光短浅的生活丰富了起来。嘻哈歌手阿尔文·“艾勒比”·乔伊纳（Alvin “Xzibit” Joiner）饰演黑帮头目大费，他掌握着破解五个尼日利亚毒贩被杀害一案的关键信息。费尔鲁扎·鲍克（Fairuza Balk）饰演一名警察，她有时也是麦克多纳的情人。布拉德·杜里夫（Brad Dourif）饰演麦克多纳的赌博投注经纪人（麦克多纳也赌博）。方·基默（Val Kilmer）一反常态，用一种漫不经心的风格饰演麦克多纳的搭档。也许凯奇和基默同时开足马力我们就受不了了。鲍尔饰演麦克多纳的父亲，他是一个麻烦缠身的角色，但有着敏锐的直觉。而库利奇，一如既往地在银幕上表现出色，这次改头换面，饰演了一个“没有性吸引力的中年女性”[5]。

罪案的细节我们无须关心。只要欣赏电影的氛围就好。彼得·泽特林格（Peter Zeitlinger）的摄影营造出了一座与风景如画毫无关系的新奥尔良。赫尔佐格一如既往地四处寻找古怪的细节。每个人都在谈论鬣蜥和短吻鳄的镜头，它们用爬行动物的冷眼盯着什么。除了赫尔佐格，还有谁会让镜头停留在它们的凝视上？还有谁会把它们置于前景，却让情节在背景里发生？除了凯奇，还有谁会用一种怀疑和不安的神情，从旁边注视一条鬣蜥呢？你得留心蜥蜴。这些混蛋总想干点坏事。

《坏中尉：新奥尔良港》重点不在于情节，而在于"调味"。就像新奥尔良料理一样，如果你加入了适量的辣椒和胡椒，而且炖的时间够长，那么你几乎可以往锅里放任何东西。

不过《坏中尉：新奥尔良港》一定就是个奇怪的片名吗？让我来给你讲讲我的想象：

赫尔佐格就翻拍 1992 年的《坏中尉》与艾德·普雷斯曼（Ed Pressman）[6] 达成了一致，那部电影同样也是普雷斯曼制片的。普雷斯曼又不傻，他知道维尔纳·赫尔佐格的翻拍一点都不会像原作。阿贝尔·费拉拉被激怒了，他的确有理由发怒；马丁·斯科塞斯曾将 1992 年《坏中尉》选为 20 世纪 90 年代十佳影片之一。

"哎，我不知道，"普雷斯曼说，"或许我们应该把片名改一下。从剧本里拿一句台词怎么样？叫《新奥尔良港》怎么样？"

"我们折中一下，"赫尔佐格用他那德国式的精确性语气（当他需要说清楚一些事情的时候，就会用这种语气）说道，"我们就叫它《坏中尉：新奥尔良港》。"他不打算向费拉拉示弱。他们都是骄傲的人。

* 艾伦·波斯基（Alan Polsky）、盖博·波斯基（Gabe Polsky）兄弟跟艾德·普雷斯曼都是本片的制片人。艾伦说他们不想翻拍费拉拉的电影，尤其是赫尔佐格，但是他们确实想延

续那部电影中的人物弧光，有点像片段集锦影片[7]中的做法。所以一部新剧本诞生了，他们按照普雷斯曼的意愿，用了《坏中尉》的名字。然而，赫尔佐格又加上了“新奥尔良港”，为了说明这不是一部翻拍作品。

注 释

[1] 尼古拉斯·凯奇在本片中所饰主人公的名字。——编注

[2] 赫尔佐格的《坏中尉：新奥尔良港》即翻拍自该片。——编注

[3] 科马克·麦卡锡（1933—2023）：美国著名作家、编剧，曾获得过很多重要的美国文学奖项，代表作包括《路》、《天下骏马》和《老无所依》（由科恩兄弟改编成同名电影）。——译注

[4] 乔治·卡林（1937—2008）：美国脱口秀演员、作家，赢得五座格莱美奖。——译注

[5] MI-wouldn't-LF，对 MILF 的改写，后者用来形容具有性吸引力的中年女性。——编注

[6] 艾德·普雷斯曼（1943—2023）：美国制片人，《坏中尉：新奥尔良港》的制片人之一。——编注

[7] 片段集锦影片（anthology），由多个短片组成的长片电影，不同短片共享同一个主题或故事框架，有时由不同的导演执导。——编注

《儿子，你都干了什么》

2010年4月7日

有些电影不按套路出牌，维尔纳·赫尔佐格的《儿子，你都干了什么》就是其中的绝佳范例。我总说我有多么厌烦那种重复使用同样的愚蠢元素的程式化电影，已经抱怨得我的读者都烦了。而现在有一部电影，片中乌多·基尔（Udo Kier）的眼镜被一只鸵鸟从他的兜里抢走，再被一位农场工人从鸵鸟的喉咙里一把拽了出来，基尔拿回眼镜时上面满是鸵鸟的黏液，他对那只鸵鸟说："不要再这样了！"

其间还进行着一段对话，有人谈论饲养鸵鸟的农场主（他是个种族主义者）曾经如何把一只鸡喂得跟四十只普通鸡一样重（我是这么理解的）。他拿它怎么样了？"吃了。拔一只的毛比拔四十只快多了。"我知道赫尔佐格毫无缘由非常讨厌鸡，这让我回想起影片前面的一场戏，其中，主角在跟他瘦得皮包骨的宠物火烈鸟说话。这里是出现了一个什么主题吗？用怀疑的神色注视着摄影机的火烈鸟，是在模仿赫尔佐格另一部影片《坏中尉》[1]中凝视着的鬣蜥吗？

一部赫尔佐格的电影能不能带来传统的观影乐趣，对我来说无关紧要。他的很多作品能做到这点，例如《坏中尉》。与之相反，《儿子，你都干了什么》颠覆了一切传统惯例，拒绝给予观众期待的乐趣，反而向他们提供了这样一种快乐：看着赫尔佐格把“警察 / 人质”的套路放进他的想象力搅拌器中去。就仿佛他先写了一部乏味透顶的常规警察片的梗概，然后说：“去它的吧，我要把我的奇思妙想都展示出来。”

他选了威廉·达福（Willem Dafoe）做主角，饰演一名叫汉克·哈文赫斯特的凶杀案警探。众所周知，达福非常乐意接演先锋导演的作品。他是一名出色的演员，在这部影片里同样表现优异，塑造出了一个在执行任务时视角狭隘、缺乏应有的人性感情的警察。很难想象有比他对养鸵鸟的疯子农民更无动于衷的警官了。

他手头的案件围绕着一个叫布拉德·麦卡勒姆的人，由天赋异禀的迈克尔·珊农（Michael Shannon）饰演，他那低垂眉毛下的眼神令人害怕。他用一把邪恶的古董剑杀害了他的母亲，当时她正跟两个邻居坐在一起喝咖啡。他喜欢重复说“眼花缭乱”（Razzle Dazzle），这让我想起了“手忙脚乱”（Helter Skelter）[2]，而且这部电影确实“改编自真实故事”。他的母亲（格雷丝·扎布里斯基［Grace Zabriskie］饰）是一个友好得可能会让人想杀了她的女人，尤其是对于她儿子来说，他刚在秘鲁雨林里有过一段改变人生的经历——你会问，为什么要这样安排呢？我认为一个很好的理由是，赫尔佐格借此便得以再次历经千辛万苦，重游秘鲁的乌鲁班巴河，《陆上行舟》的一部分就是在那里拍摄的。或许每次他遇到有着骇人眼神的演员，就像克劳斯·金斯基或珊农一样，他都会想：“我要带他到乌鲁班巴河考验一下！”

哈文赫斯特警探在布拉德家门前接管了指挥中心，据称布拉德挟持了两名人质（从没看见过），警探询问了布拉德的未婚妻英格丽（克洛伊·塞维尼［Chloë Sevigny］饰）和他的戏剧导演李·迈耶斯（乌多·基尔饰）。他们讲的故事引发了数段闪回。实际上，影片大部分都是闪回，这些闪回逐渐引向布拉德砍死他母亲的时刻。塞维尼饰演的英格丽是一个迟钝、甜美的年轻姑娘，毫无洞察力和自我保护的本能。基尔饰演的迈耶斯在古希腊悲剧《厄勒克特拉》（*Elektra*）彩排期间对布拉德异常有耐心。《厄勒克特拉》就是一部有儿子杀死母亲情节的戏剧。

李·迈耶斯的回忆引出了那段去泰德叔叔（布拉德·杜里夫饰）鸵鸟农场的旅程。如果你留意的话，就会发现这部电影的演员阵容里几乎只有邪典电影导演常用的邪典电影演员：达福、珊农、塞维尼、基尔、杜里夫、扎布里斯基，而且我甚至还没提到在戛纳得过奖的艾尔玛·霍尔（Irma P. Hall）和加布里埃尔·皮门特尔（Gabriel Pimentel）。哈文赫斯特的搭档由迈克尔·佩纳（Michael Peña）饰演，他虽然不是邪典电影演员，但在这部电影里当了一个邪典电影演员——开个小玩笑。还有，这部电影的制片人是大卫·林奇（David Lynch）。这是一部背景设定在圣地亚哥的警察片，却要在乌鲁班巴河实景拍摄，除了林奇，再没几个制片人会觉得这样的需求是合情合理的。

这部电影里有一场戏，出现了一些似乎是蒙古包居民的人，其中一个人长着不同寻常的眉毛。我坦白我可能走神了片刻，不记得他们跟故事情节有什么关系。尽管如此，我不会轻易忘记那些眉毛，大多数警察片在进展到百分之六十的时候，没有几个场景可以达到这种难忘程度。我还对两个很长的镜头心存感激，一个有格雷丝·扎布里斯基，另一个有加布里埃尔·皮门特尔，镜头里他们都注视摄影机长达三十或四十秒钟，两侧有珊农和另一个演员。这些镜头看起来像定格画面一样，但你能够看到演员们有细微的移动。这些镜头意味着什么呢？为什么要这么拍？导演对常规手法不耐烦，这就是为什么。

现在我已经出色地描述了这部电影。你能感觉到为什么我欣赏它吗？如果你看完之后不喜欢，也不能说是我误导了你。我曾经骑过一次鸵鸟，那是在从奥茨胡恩（Oudtshoorn）[3]到坎戈岩洞（Cango Caves）[4]的途中。

注 释

[1] 即《坏中尉：新奥尔良港》，下同。——编注

[2] “Helter Skelter”是甲壳虫乐队一首歌的歌名，通常译为《手忙脚乱》，根据创作者的解释，也可译为《滑滑梯》。美国臭名昭著的组织“曼森家族”的头目、连环杀手查尔斯·曼森（Charles Manson）曲解了这首歌歌词的意义，将歌名用作代表种族主义战争的词语；曼森家族曾于犯下凶杀案后，在受害者家的冰箱上用死者的血写下“Healter Skelter”字样。——译注

[3] 南非的一个小镇，以鸵鸟养殖业闻名。——译注

[4] 奥茨胡恩附近的一个古老岩洞。——译注

《忘梦洞》

2011年4月27日

1994年，法国考古学家又发现了一个洞穴，之前他们一直在搜寻可能会揭示洞穴存在的气流。他们不得不经由一个狭窄的开口下到洞穴地面，这里比原来入口的标高要低得多。在他这部令人着迷的电影《忘梦洞》里，维尔纳·赫尔佐格就是沿着这条路径进入洞穴的。

赫尔佐格用3D技术拍摄，为的是更好地传达洞穴里的画是如何顺应和利用古老墙壁的天然轮廓的。这种方式也帮他说明了旧石器时代晚期的人类可能是怎样在火把闪烁的光亮中观看这些画的。

肖维岩洞（Chauvet Cave）以它的发现者之一命名，入洞的路很快就被法国政府封闭，如今，一扇锁住的钢制门阻隔了去往风井的通道。门后，洞穴的保护者们执行着严格的制度。赫尔佐格只被允许带一个包括他自己在内的四人团队。他们可以使用的照明设备只限于四盏冷光面板灯，由电池带供电。他们只敢踏在装好的铝制步道上，仅有两英尺宽。他们获准每天在里面工作四个小时。假如有人因任何理由必须离开——即使只是去拿一把螺丝刀——那么当天的探访就结束了；保护者们想要控制洞穴的进气量。

显然，在这些洞穴的墙壁被绘画覆盖以前，人类必定已经在别的地方画过画。很难相信这些颇为自信的线条和形状是凭空出现的。还是说在这些形式里有人类与生俱来的东西？精确的碳素测年表明，在第一批艺术家到此至少两千年后，另一批艺术家又回到了这个洞穴，以与前者相同的风格继续作画。

在这个洞穴中，只有两座非常小的雕像展现了人类的形体。其中一座是一个女人，她的性器官被夸张表现，突出了她的繁衍能力。壁画本身全是动物，其多样性令人震惊，展现出了一幅当时山谷中的动物群像：猛犸象、洞熊、狮子、野牛、黑豹、马、犀牛。那些犀牛的角无疑被夸大了，显示出一种强调犀牛力量的渴望。一些画里有重复绘制的角和腿，显然是试图表现出动态。

除了脚印，还有一些表明人类曾存在于此的感伤迹象。在原始入口附近，那里外面的光线仍然可以照射进来，很多到访者在一面墙上留下了他们赭石色的掌印。这是艺术家的标志吗？类似名片？为什么很多人都留下了掌印？其中有一个掌印引人注目：这个人有着残缺不全的小指。他们在洞穴深处又发现了同样手指留下的另一处掌印。他两次探访的痕迹，连同一名孩童的脚印在三万年后仍然留存着。

四盏小型手提面板灯的限制反而对赫尔佐格有利；灯移动时，它们的光亮照在那些重复呈现的动物肢体上，显示出那时闪烁的火把如何可能产生一种画中形象在运动的错觉。空间是如此局促，很多镜头里，他的工作团队都不可能不入画，他们的影子在墙壁上舞动；在火把的光亮里，那些被遗忘的祖先之影必定也是如此舞动的。赫尔佐格的巧思在于他把这些画作展示给我们的方式，最初来洞穴探访的人一定也是这样观看它们的。我看过其他洞穴壁画的照片，光照条件完美无缺，却没这么富有感染力。

赫尔佐格说总体上他是不喜欢 3D 的。但他认为有些情况下 3D 是恰当的，这部电影就属于这样的情况。我看的是明亮、聚焦良好的数字放映。除了影片最后的一个玩笑之外，他从未任他的影像侵犯影院的空间；他以一种让我们进入电影空间的方式运用 3D，而不是让电影进入我们的空间。他正确地意识到 3D 对于拍摄这些墙壁是一种多么有效的方式。如果说跟随着赫尔佐格走进那个洞穴是可能的，那么在这部电影里，我们做到了。

《凝视深渊》

2011年11月9日

《凝视深渊》或许是赫尔佐格所有电影中最悲伤的一部。这部影片凝视着一群悲惨的生灵，即使找到了几缕希望的微光，也只是更突出了悲伤而已。

这部纪录片围绕着两个狱中青年展开。迈克尔·佩里（Michael Perry）身处得克萨斯州亨茨维尔（Huntsville）监狱的死囚牢房，这里是美国最高产的处决流水线，在赫尔佐格与他对谈的那天，他还剩下八天的生命。贾森·伯克特（Jason Burkett）是他的同谋，正在服四十年徒刑，他们共同犯下了这起有三名受害者的愚蠢谋杀。两人杀戮的原因是想开一个朋友的红色科迈罗[1]。

赫尔佐格反对死刑，美国和日本是仅有的两个仍在执行死刑判决的发达国家。[2]但这部电影并非论战作品。赫尔佐格对这个案件产生了好奇，带着一个小型摄制组来到亨茨维尔，还去了谋杀发生地得州康罗市，与凶手、凶手的家人和受害者的家人对话。访谈的成果惊人地坦诚且富有冲击力。我得知他只见过采访对象一次，就在访谈的当天，电影里呈现的就是他们的首次对话。很久以来我都觉得赫尔佐格的人格令人不可抗拒，能看透别人，我可以呈上这部电影作为论据，里面讲的得克萨斯人与这位德国导演截然不同。

相比他的很多其他纪录片，赫尔佐格在本片里采取了一种低得多的姿态。他没有出现在镜头里，镜头外他声音轻柔地问了一些事实性的、克制的、仅仅出于好奇的问题。他的采访对象讲话时是心甘情愿的。他会问出一些不容易回答的后续问题。让他产生很大兴趣的不是事实（这里的罪行是确定无疑的），而是面对直接相关的人，探入他们的眼睛和灵魂。

两个人因为相同的罪行被定罪，为什么佩里要死，伯克特却不用？我们见到了伯克特的父亲德尔伯特（Delbert），他同样身处监狱，在服无期徒刑。当儿子受审时，德尔伯特在其证词里表达了因自己对这个男孩一无是处的抚育而自责的情感。这点显然影响了两名女性陪审员，使得她们同情这个男孩——或者可能是使得她们对这位父亲的经历感同身受。德尔伯特如今看起来是一个正派且善于思考的人。他悲恸欲绝地后悔自己没有好好利用大学的奖学金，在行将高中毕业时辍学，然后走向歧途。他现在看清了自己的错误——对自己来说太迟了，对儿子来说也太迟了。

佩里和伯克特未受教育，居无定所，乳臭未干，缺乏个人资源。德尔伯特或许已从牢狱生活中获益，他儿子可能也会如此。我们见到了梅利萨·伯克特（Melyssa Burkett），她嫁给了狱中的贾森·伯克特，如今怀了他的孩子——尽管，就像赫尔佐格指出的那样，夫妻探访是不允许的。那她是如何怀孕的呢？她就是怀孕了，仅此而已。赫尔佐格从不大肆渲染，从不强调，从不表达观点，只是倾听。

我们还见到了弗雷德·艾伦（Fred Allen）上尉，多年来他负责亨茨维尔死囚区的警卫工作，包括乔治·布什在担任得州州长期间接连驳回上诉的那些年。他开始与赫尔佐格交谈，被记忆与情绪席卷，解释了为什么有一天他干脆辞掉了这份工作，并在监管了一百多次行刑之后决定反对死刑。他对于生命中一件至关重要的事情的讲述，是关于死刑我能想象出来的最深刻的陈述之一。

电影里的这些人，无一例外地提及上帝是他们生命中的一股力量。凶手、他们的亲属、受害者的亲属、警察，每个人。上帝自有安排。一切都是上帝的意志。上帝会宽恕。他们的生命在上帝掌握之中。他们必须接受主的意愿。被判刑或被夺走亲人，内疚抑或心碎，他们显然都在上帝的计划之中找到了安宁。赫尔佐格从他们的信仰中得出了什么结论，他并没有说明。

反对死刑的部分原因可以归结于此：没有人应该被委派处决另一个人的任务。我认为艾伦上尉说的就是这点。赫尔佐格也许会赞同，尽管他没有这样说。在他的一些电影中，他无拘无束地分享自己的人生哲学和洞见。在这部影片里，他只是观看而已。他似乎始终知道该看哪里。

注 释

[1] 雪佛兰旗下的车款，《变形金刚》里"大黄蜂"的原型。——译注

[2] 据查，在2011年伊伯特完成这篇文章时，世界上保留死刑的发达国家还有新加坡。——编注

第三部分　访　谈

于戛纳电影节

1982年5月

法国，戛纳——《陆上行舟》在戛纳电影节全球首映后的第二天，我和执导这部电影的联邦德国导演维尔纳·赫尔佐格坐下来喝了茶。维尔纳·赫尔佐格是一个奇特、深邃、富有创见的人。对其他导演，我是采访。对赫尔佐格，我是进见。

他不谈小事。他本人不会这样说，但他显然将自己视为这个时代的重要艺术家之一——说实话，我也这么觉得。他拍无法归于常类的电影。他冒着巨大的风险去拍摄它们。在《新共和》杂志一篇广受讨论的文章里，作者斯坦利·考夫曼忖度，拍每一部电影都一定要冒生命危险，这是不是赫尔佐格的信条之一。

这是个很合理的问题。赫尔佐格拍的是胸怀大梦的人，他们所冒的险比普通人更大。赫尔佐格自己也是如此。他曾经与一个小型剧组去一个岛屿，岛上的火山即将喷发。他想要采访一个决定留下等死的人。赫尔佐格也在撒哈拉沙漠中部拍过电影，还曾两次拿自己和同事的生命冒险，到亚马孙的雨林里拍摄高风险影片。

他的《阿基尔，上帝的愤怒》讲述皮萨罗的疯癫随从之一，不屈不挠地向丛林挺进，为找寻黄金之城踏上了一段注定失败的远征。现在这部《陆上行舟》是根据一个爱尔兰人的真实经历改编的，他试图把一整艘蒸汽船经由陆地从一个亚马孙水系拉到另一个水系里去。

维尔纳·赫尔佐格在拍摄《陆上行舟》期间做了一模一样的事，这点现在基本上每个人都知道了。但为赫尔佐格带来灵感的历史人物（名叫菲茨杰拉德）在把船拉上陆地前明智地将它拆解了；而赫尔佐格用绞车和滑轮组把船完整地拉过了陆地。在戛纳喝茶的那个午后，他没有掩饰自己的恐惧："跟我们经历的比起来，《现代启示录》只是幼儿园级别。"

四十多岁的他是一个瘦削而结实的男人，中等身高，头发从宽阔的前额梳向脑后。他的上唇通常留着整齐的胡子。他在宾夕法尼亚州一所大学读过一年本科，可以说一口流利的英语。他曾在威斯康星州北部实景拍过一部电影，就是《史楚锡流浪记》，其中有一个画面令人印象深刻地对失落的美国梦做了刻画：主人公布鲁诺绝望地看着银行收回了他的移动房屋，留下他对着冰冻的草原沉思。

我前一天看了《陆上行舟》。我也看了莱斯·布兰克执导的《电影梦》，这是一部直截了当、不感情用事的纪录片，记录了《陆上行舟》的拍摄过程。两部电影一起看是一件好事，因为布兰克的纪录片描绘了赫尔佐格拍这部不可能完成的电影时，在重压之下近乎发疯的样子。对此，我问赫尔佐格：在身处雨林的几个月里，面对内战、疾病、印第安人的进攻、被演员和剧组成员背叛这些传奇一样的难题时，他是不是真的崩溃了？

"你是问我神志还正不正常？"他说，"这个你不用怕。我理智得很。”不知何故，他听起来有点像其作品《诺斯费拉图》里的吸血鬼主人公。他抿了口茶。“我很理智。我不把自己逼入绝境。”说完这话，他接着又反驳自己说，“重要的只有项目。如果项目的性质需要我走得很远，那么不管哪里我都会去。不管你要吃多少苦，不管你的睡眠会多么匮乏……我一点都不想主动陷入那种情况，但如果有必要，我会是最后一个退出的人。”

他的目光掠过酒店的阳台，看向春日阳光中的棕榈树。

“如果有必要的话，我会下地狱从魔鬼手中把电影夺回来。”这个刚告诉我不把自己逼入绝境的人这样说道。

“你觉得自己要完成什么个人使命吗？”我问，“其他导演签下歌蒂·韩（Goldie Hawn）[1]，在洛杉矶拍片。你签下克劳斯·金斯基，然后消失在雨林里。”

“如果用‘使命’这个词，听起来就有点太沉重了，”他说，“我会说‘职责’或‘目标’。当我开拍一部新片的时候，我是一名精兵。我不抱怨。即使前哨已经被放弃，我仍会守住它。我当然想赢得战役。我更多地把每部电影视为自己的崇高职责。”

我问：“这是说你对电影的职责，还是电影本身要履行对人类的职责？”就在我问这个问题的时候，我意识到它听起来太华而不实了，但赫尔佐格严肃地点了点头。他说他的职责是帮助人类寻找新的影像。确实，他的电影里有很多美妙而生动的影像：一个人站在漂流的木筏上，身边围绕着叽叽喳喳的猴子；一名跳台滑雪运动员因技术太过高超而飞越了降落区；一个生来就耳聋目盲的人感受着一棵树的奥秘；一个睡在火山边上的人；追逐失控车辆的侏儒；一个人站在荒凉海面中央露出来的一块石头上；一个把一艘船拉上山坡的人。

“我们没有足够适当的图像来表达我们这种文明，”赫尔佐格说，“我们能看什么？旅行社里大峡谷的旅游广告？我们身边都是意义枯竭的图像，我相信除非发掘出新的图像，否则我们就会灭绝。我们会像恐龙那样消亡。我是说真的，字面意义上的消亡。”

他身体前倾，激烈地述说着，仿佛时间快要用光了似的。“青蛙显然不需要图像，牛也不需要。但我们需要。在西斯廷教堂，米开朗琪罗首次用一种全新的方式，一种对于了解他那个时代来说足够适当的方式，清楚表达了人的悲怆。演员们都闲站着，说一些编剧自认为机灵的台词，那种电影我不想拍。这就是为什么我要用侏儒，用一个在监狱和精神病院里关了二十四年的人（布鲁诺·S.，《史楚锡流浪记》的主角），用耳聋目盲的人，也是为什么我要拍处于催眠状态的演员，诸如此类。我在尝试拍一些以前从没拍出来过的东西。”

我说《陆上行舟》几乎像是一部关于它自身的电影：一部讲一个人把船拉上山的电影，为了拍这部电影，拍它的人把一艘真船拉上了真山。

“计划本来不是那样，”赫尔佐格说，“计划本来没那么困难。但事情发展到了这一地步，电影的意图、电影的制作、电影的目标和拍电影的方法全都变成了同一件事：把那艘船拉上山。当贾森·罗巴兹病倒返回美国时，在我让克劳斯·金斯基代替他之前，我想过自己饰演菲茨卡拉多。我差点就这么做了。”

“你为什么必须用一艘真船？”

“对此我从来没有过任何疑问。你在好莱坞电影里看到的那些蹩脚特效和微缩模型，已经让观众不再相信他们的眼睛。在这里，在我的电影里，他们能重新找回对自己眼睛的信任。当那艘船上山时，人们看着银幕，寻找着能泄露这是个骗局的东西，但这不是骗局。他们本能地意识到了这一点。那样一幅画面能给你追逐自己梦想的勇气。”

他笑了，带着些许冷峻。“这是一部不会有翻拍版的电影，”他说，“那个想重拍这部电影的人必须出生在我前面。”他停下想了想。“巴伐利亚的疯王路德维希二世，”他说，“本可以拍这部电影。”

“我在《电影梦》里看到，就把船拉上山的安全性和可行性，似乎存在着一些争议。”

“我请了工程师，”赫尔佐格说，“我又解雇了他们。我有一个使用绞车和滑轮组的基本设想，使用一系列组合绞车。你能看到人类在远古时期或许做了同样的事。在法国布列塔尼（Brittany）有一些巨石，可能是顺着两英里长的坡道移上来的，坡道的终点是一座人造小山和一个大坑。我的方式是否就是他们搬运石头的方式，我曾这样幻想过。我在一次穿越法国和德国的漫长徒步旅行中看到了它们。如果《陆上行舟》有一本护照，我们必须写上它的出生地的话，我会写布列塔尼的卡尔纳克（Carnac），那里的巨石阵是世界奇迹之一。那个写古代天文学家的混蛋埃里克·冯·达尼肯（Erich von Däniken），不相信人类能完成这样的壮举，但我敢说，给我两年时间和两千人，我会给你再做一次。”

“但是当你把那艘船拉上山的时候，”我问，“你有没有质疑过自己的目的？你想过这一切是否有点荒唐吗？”

“总有低潮和更低潮，最低潮下还有更低，”他说，“我不允许自己有私人情感。我没有绝望、焦虑和痛苦的特权。我从不停歇，我从未失去信念，我的信念足够我再拍十五部电影。”

“再拍十五部像这样的电影？”

“我不觉得自己或者其他任何人能再拍一部像这样的电影，”他说，“电影史表明，导演这个职业几乎已经毁掉了所有人。你可以当一名大提琴演奏家，直到九十五岁。你可以做一个诗人，直到你死去。但导演拍好作品的生命周期是十五年。然后他们就会化为灰烬。我已经拍了二十多年。当然，这跟体力也有关。我的下一个计划不是一部电影，我将在这个电影节结束后出发，徒步两千五百英里。”

“你去哪里呢？”

他耸了耸肩。

注 释

[1] 歌蒂·韩：生于1945年的美国女演员，因银幕上的开心果形象备受观众喜爱。——译注

赫尔佐格为电影反抗死亡

1984年5月20日

戛纳，法国——我们生活的世界是一个很小的地方，如果你幸运的话，痛苦和快乐之间只隔着一次航班的距离。我正在和德国导演维尔纳·赫尔佐格一起吃午餐。昨天，他为了自己新片的首映礼飞抵戛纳。再往前两天，他在尼加拉瓜的丛林里，与一个眼窝深陷、拿着一把M16突击步枪的十岁男孩交谈。现在我们坐在阳光下，吃着新鲜的草莓。

赫尔佐格已经成为现代电影导演中的大浪客。他从早年起就几乎没在德国拍过电影，而是更喜欢探寻地球的遥远角落，那里的人们绝望地与大自然、神灵和自身的弱点和解。他的所有电影都围绕着执迷于宏大愿景的人物，而这些人物中没有谁比赫尔佐格自己更执迷的了。这就是为什么这些年来，他一直是世界上最有趣的一位在拍片的导演。

来看看目前占据他注意力的三部电影。他刚拍完的这部《绿蚂蚁做梦的地方》入选了戛纳电影节主竞赛单元，将于周一首映。影片讲的是在澳大利亚内陆一片荒凉、炽热的土地上，一家铀矿公司和一个原住民部落之间的冲突，后者相信这片土地绝不能被惊扰，因为这里是绿蚂蚁做梦的地方，倘若绿蚂蚁被唤醒，世界就会终结。

赫尔佐格刚刚在尼加拉瓜拍完一部纪录片，影片讲述一个米斯基托（Mesquito）印第安部落，他们曾拿起武器反抗索摩查（Somoza）政府（据称是"自西班牙占领以来的首次战斗"），为革命的桑地诺民族解放阵线（Sandinistas）而战。而如今他们被桑地诺虐待，赫尔佐格说，因为他们天真地相信自己拥有祖先的家园。某种意义上，这次战斗跟《绿蚂蚁做梦的地方》里澳大利亚原住民所发起的斗争是一样的。

九天后，赫尔佐格将飞往巴基斯坦，在乔戈里峰（又称K2峰）的山坡上部拍电影，这是世界上最高的山峰之一。他希望在山顶上拍一部故事片，把这个项目视为一部"训练片"，以此来学习如何在高海拔和严寒中生存和使用摄影器材。今天他坐在阳光下。一个侍者给他杯中倒了冰镇葡萄酒，他已经吃了鸡肉和炸薯条，现在，当季第一批草莓放在他面前。戛纳别处，其他导演放映着他们的新片——关于三流超级英雄、欲火焚身的女乘务员和死去的青少年。他说他不关心自己的电影是否在电影节上得奖："奖是设给马的。"

在《绿蚂蚁做梦的地方》里，他采用了一种比平时更直白的叙事方式来讲故事。通常他的电影都按照梦的逻辑进行。在内陆区域，一家矿业公司希望引发一系列爆炸，听爆炸的回音，以此来确定可能的采铀地点。澳大利亚原住民们平静地坐在爆炸现场，拒绝离开，坚持说那些绿蚂蚁绝不能被唤醒。我们见到了双方的人物：瘦高而笨拙的采矿工程师、毫不妥协的部落首领们、趾高气扬的矿业公司总裁。

一如往常，赫尔佐格为戏剧化地表现他的故事找到了有力的画面。在《绿蚂蚁》[1]里，我们看到一名白人老妇在内陆地区耐心地坐着，面前的地上放着一盒打开了的狗粮罐头，等待在矿井中走失的宠物狗回来。我们看到一群原住民坐在一家超市货架间的走道上，这里是这片地区最后一棵树曾经生长的地方，部落的男人们以前会遵照习俗，在妻子怀孕之前聚集在这棵树下，"梦想"他们的孩子。我们还看到一片月球地貌一般的土地，成百上千的金字塔——矿井的遗留物——一路散布到地平线。我们没有看到任何绿蚂蚁。

"我用二十八天就拍完了这部电影，"赫尔佐格说，"但我从 1975 年第一次来澳大利亚就开始构想它了。我不认为它支持原住民或反对矿业公司，它只是描述了两种价值观之间的冲突。实际上，片中原住民的'信仰'并不是他们的信仰，而是我的：我编造了他们所有关于绿蚂蚁、部落之树的传说，因为我不会妄图拍一部讲他们真正信仰的电影。这会花费我多年时间去理解它们。影片关于原住民的内容在人类学上不是正确的，关于绿蚂蚁的内容在生物学上也不是正确的。"

片中真正的冲突似乎产生于这两者之间：一方是因深层信仰坐着等待的人们，另一方是那些永不停歇的人，他们相信成功在于勤奋、在于行动。当矿业公司和澳大利亚法院快速展开一系列令人头晕眼花的"协商"和法庭程序时，原住民们茫然地聆听着他们的梦想——那个穿戴整齐、坐在阳伞下等着宠物回来的小老妇人也是如此。

赫尔佐格的上一部电影是《陆上行舟》，这是一个惊人的项目，讲一个人下决心把一艘蒸汽船经陆地从一个水系拉到另一个水系里，进而靠出售南美内陆的橡胶来赚钱的故事。他想用卖橡胶的钱在丛林里建造一座歌剧院。赫尔佐格为了拍这部电影摸爬滚打和他坚持拉一艘真船上真山的故事，已经成为传奇——也成了莱斯·布兰克所拍的一部触目惊心的纪录片《电影梦》的素材。纪录片中的赫尔佐格有一刻似乎快疯了，他在丛林里解释着他的计划，与此同时，毒箭射中了他的工作人员，飞机失事，工程师告诉他，船上的缆绳会绷断，并把每个人的头都削下来。

当赫尔佐格谈到刚在尼加拉瓜拍完的那部电影时，其拍摄过程听起来甚至更加危险。在没有任何进入尼加拉瓜的证件或许可的情况下，他带着一个小型剧组和一组保镖一起飞到洪都拉斯，溜过了边境。他带着几分神秘地把这几位保镖形容为“四个一流的神枪手”。内战正在进行，他们在游击队员战线的后方工作，拍摄米斯基托印第安部落的故事。这个部落本来支持桑地诺反抗索摩查政权，但现在——赫尔佐格谴责道——却受到桑地诺的攻击。

赫尔佐格一如既往地不为政治原因拍电影，他说他对尼加拉瓜的政治形势不太感兴趣，是冲突的作用方式吸引了他。

“我遇见了一个拿着突击步枪的小孩。‘你叫什么名字？’我问。我知道了他的名字和他来自哪个村庄，还知道他的兄弟们被杀了，他正在为他们报仇。后来，我看见一个小女孩，大概十五岁，清早拿着一把步枪离开村庄，晚上凯旋，因为她拿枪换了一只鸡。从政治和军事的角度谈论这些事是荒唐的。它讲述的是一种传统文化因杀戮工具的引入被撕碎的过程。没有技术——无论从东方还是西方来的步枪——可能还是会有战争，但那样的话，新闻报纸就不会注意到它了。”

他说这部电影的片名暂定为《米斯基托的歌谣》(*The Ballad of the Mesquitos*)[2]。影片将围绕音乐组织情节发展，它不会是一部政治纪录片，甚至不会是任何传统意义上的资料电影。

“我不知道我们是否身处巨大的危险中，”赫尔佐格说，“重要的是不要在错误的时间把头伸出去。我们的四个保镖要遵守严格的规定——不能开枪，因为在丛林里一旦开火就会引发还击。我们并不是想保护摄影机或者胶片。要是我们被刺刀直接攻击，他们就会开火反击。”

“我一直在想，”我对他说，“总有一天我会写你的讣告。”我提起他拍摄《陆上行舟》时的困难，和那个他带着一个剧组到加勒比岛屿上去的传奇，他在那个岛上拍的电影讲的是一个独自留在即将喷发的火山山坡上的人。“你似乎有意在寻找危险。”我说。

“我没有寻找危险，”赫尔佐格说，“我只是在寻找我的故事。”

他说他会在戛纳停留一两天，多看几部电影，然后动身去乔戈里峰。

注　释

[1]　即《绿蚂蚁做梦的地方》。——编注

[2]　该片最终定名为《士兵的歌谣》(*Ballad of the Little Soldier*)。——编注

赫尔佐格找到了超越事实的真相

1998年9月29日

跟维尔纳·赫尔佐格不会有随便聊聊这种事。我在电影节上碰到他的时候会心跳加速，因为我知道他将告诉我一些惊人的事情，一切都将在一种分享神秘知识的紧张气氛中传达。

此刻在特柳赖德电影节上，他就坐在我对面，旁边是电影《与安德烈晚餐》中的安德烈·格雷戈里（Andre Gregory）[1]。如果安德烈与维尔纳共进晚餐，谈话将会持续一个星期。

赫尔佐格的最新电影《小小迪特想要飞》周五在芝加哥琢面电影中心上映。影片讲述了一个德国人的故事，他曾入伍美国空军，在越战中被击落。他在丛林中的经历太过恐怖，以至于有一次他几乎是请求一条蛇吞了自己，但那条蛇拒绝了。

赫尔佐格本人看上去总像刚从雨林里跋涉出来似的，而且事实经常就是如此。“你看起来瘦了。”我对他说。

“一周前我刚从秘鲁回来，”这位德国导演点了点头说，“我瘦了二十磅。我在丛林中辟路穿行。我在拍摄一部关于一架注定会失事的飞机的电影[2]，我差点就上了那班飞机。那是圣诞前一天，我付给柜员二十美元当贿赂，她保证给我一个座位，但这个航空公司几乎所有飞机都停飞了，匆忙之间我终究没得到座位。”

“那架飞机坠毁在丛林中。一周后搜索被叫停。十一天半之后，一个年轻姑娘从丛林里爬了出来。她是唯一的幸存者。我带她回到失事地点，那里已经很难找寻。同时，我也再次回到了我拍摄《阿基尔，上帝的愤怒》和《陆上行舟》的地方——我拉一艘蒸汽船穿过丛林的地方。”

他耸了耸肩，说：“如今那里杂草丛生。没有任何曾有人到过那里的迹象。”

这两部电影的主角都是克劳斯·金斯基，面容骇人的他曾与赫尔佐格激烈地争吵。据说赫尔佐格曾用枪指着金斯基命令他工作，说不然就杀了他。还有一个赫尔佐格拒绝用模型和特效的故事（记录在莱斯·布兰克的纪录片《电影梦》里）。他坚持要造一艘真正的蒸汽船，用真正的绳索和绞车真正拉着它穿过真正的丛林，当德国工程师预言缆绳将会绷断、四处抽打并把每个人都切成两段时，赫尔佐格只是把他打发回家了。

“一个印第安土著要帮我杀了金斯基，”我们还站在特柳赖德的影院走道上时，赫尔佐格告诉我，“我不得不谢绝了，因为我需要他。”

几年前在特柳赖德，赫尔佐格给我看了他那时刚拍的两部纪录片的录像带：一部讲的是俄罗斯的“耶稣们”——穿成耶稣的样子走在街上的人们；另一部讲的是某处的村民，他们相信如果在冰仍足够薄的时候在一片湖面上爬行，就能看见水下城市里生活的天使。

两部都是令人惊叹的纪录片。那些“耶稣”让我想起萨曼·鲁西迪（Salman Rushdie）的小说《摩尔人的最后叹息》

（*The Moor's Last Sigh*）中俄罗斯“列宁们”的故事——演员们打扮成列宁的样子，背诵他著名的演讲，这样农民们就可以在没有电视的时代领会讲话精神。“列宁们”和“耶稣们”的区别在于，“列宁们”很可能是存在的，但“耶稣们”是编造的。赫尔佐格的“纪录片”是虚构的。

赫尔佐格在事实、虚构、传说、神话和创造的领域间自由来去。他会首先告诉你，《小小迪特想要飞》里不是每个细节都是冷冰冰的单纯记录下来的事实。是的，银幕上的就是真正的迪特；是的，他真的在越战中被击落了，还经历了可怕的事。但他那个将死亡看成一只水母的想象呢？“是我帮他找的。”赫尔佐格说。

他说，在追寻潜在真相的过程中，他愿意去探索单纯事实之外的东西。

“真实电影（cinema verité）纪录片的弱点在于它们永远不会挖掘得更深。对于电影中构成真相的事物，它们只能接触到表面。更深层次的真相只能在诗中找到，因为那时你开始创造。世界就在那里。人从世界里找到再带给世界的东西才是真相。我在寻找深不可测的东西。”

他真的曾计划搭乘那班会失事的飞机吗？我相信他。

注 释

［1］ 安德烈·格雷戈里：1934年生于法国的美国导演、作家和演员。——译注
［2］ 2000年纪录片《希望的翅膀》。——编注

与赫尔佐格的一次对谈

2005年8月28日

2004年4月，伊伯特沧海遗珠电影节（Ebert's Overlooked Film Festival）[1]在伊利诺伊大学厄巴纳-尚佩恩分校举办，放完《纳粹制造》之后，维尔纳·赫尔佐格和罗杰·伊伯特在台上进行了一次映后谈，本文是这次对谈略经校订的文字记录。这部影片讲述了一个犹太大力士的故事，纳粹党崛起的时候，他的工作是在德国一座杂耍剧场里扮演一位雅利安神。（○代表罗杰·伊伯特；●代表维尔纳·赫尔佐格。）

○ 你知道吗，维尔纳，看完这部电影几个月后，我和我的妻子在佛罗里达的普里蒂金中心（Pritikin Center）与一对老年夫妇成了朋友。我们谈论自己看过的好电影时，我给那位丈夫讲了《纳粹制造》，我说："我觉得这个故事是真的。"他说："我知道是真的，因为我小时候亲眼见过那个大力士。"

● 是的，显然曾有部讲现实中那个大力士的电影，但似乎只有很短的片段留存了下来。我看过大概三十秒的一段，看起来一点意思也没有。它的海报很迷人，剧照很有趣，故事当然有一点改动。真实的故事实际上1926年就结束了；齐什·布赖特巴特因为被一块木板上的一枚生锈的钉子扎伤而死，他折断这块木板只是为了显示自己有多么强壮。我让这个故事发生在更靠近希特勒夺权的时候。

○ 你的电影最让我欣赏的地方是你在想象上的野心。你不拍小格局的电影，你没有小体量的构思。你曾对我说我们的时代因缺乏影像而饥饿难耐：所有的影像都被电视和电影磨损耗尽了，于是我们没有更多的东西来满足我们的视觉。而你在电影中创造出来的画面如此非同凡响，包括这部影片中那些数不清的红螃蟹，这让我感到非常恐惧——因为它们就是生命，然而它们是盲目的，它们只是不断向前，无论我们想什么、希望什么。

● 我很喜欢那些螃蟹。你在电影里看到的其实是在圣诞岛上拍的，实际上是两座圣诞岛，一座在太平洋，一座在澳大利亚大陆以西的印度洋上。我花了大概十到十二天的时间，只是等着这些螃蟹到来，因为在最初的几天里机会稍纵即逝；七八千万只螃蟹动身从丛林中迁移到海滩上。它们交配、产卵，再消失在丛林里。所以为了让它们出现在电影里，我花了很多的努力和相当长一段时间。

○ 但让我惊讶的地方在于，没有其他导演会为了一部背景在欧洲的电影，觉得自己必须去印度洋拍摄螃蟹。我喜欢你的思想包含了……

● 我想到了它们，我也不知道为什么。我无法解释。我知道在例如螃蟹穿过铁轨这种事里有某种宏大的东西，这是我无法解释的。但我知道其中有某种宏大的东西，比如《史楚锡流浪记》结尾里跳舞的鸡。

○ 这是我的最爱。

● 也是我的最爱之一，那个画面也是不请自来的。我不知道它是怎么来的，也不知道它为何而来。奇怪的是，无论是螃蟹还是《史楚锡流浪记》结尾跳舞的鸡，我的剧组成员都受不了，他们讨厌它们。他们是一个忠心耿耿的团队，但他们是如此讨厌《史楚锡流浪记》里的这段画面，以至于我不得不自己掌镜，因为那个优秀而尽职的摄影师厌恶得不想拍。他说：“我从来没见过这么蠢的东西。”我试着说：“你知道吗，这里面有某种特别宏大的东西。”但是他们看不到。

○ 在我写的“伟大的电影”系列影评里，《阿基尔》是我写的第一部你的作品。后来我写了《史楚锡流浪记》。我想试着引用一句话——我记得片中有一名消防员还是警官拿起对讲机……

● 对。

○ 他请求增援，他说：“有个死人，在……”

●“在上山缆车上有个死人，我们还发现一只跳舞的鸡！给我们派个电工来！”

○“给我们派个电工来！”那部电影是在威斯康星拍的。

● 是的，跳舞的鸡是在北卡罗来纳州的切罗基拍的。当你谈到这些画面时，其中都有某种更宏大的东西，我一直在说，我们必须为我们的文明状态发展一种能满足需求的语言，也必须为我们的文明创造出足够恰当的画面——图像。如果我们不这么做，我们就会像恐龙一样灭绝。在我们四周，在电视、杂志、明信片、旅行社的海报等上面，是一片图像的荒原，我们应该设法做些什么去对抗它，这件事的重要程度非同一般。

○ 我看过那么多一模一样的电影，它们像香肠一样被切下来，你又消磨了两个小时，回家就把它们忘在脑后。你的电影拓展了我，它们让我感到兴奋，让我觉得你试图用手臂环抱巨大的想法。与此同时也有一种绝望的感觉。我想到发疯的阿基尔，身处即将沉没的木筏上，在河流中央，身边都是叽叽喳喳的猴子。还有想拉着一艘船翻过山，把船放进另一条河里去的菲茨卡拉多。只有你会认为必须用一艘真船来拍，而不能用模型或特效。

● 实际上情况有点恶心。当时二十世纪福斯公司有意制作一部电影，我们的对话非常简短，大概只有五句，因为他们的态度很明确——“你必须用微缩船模拍”。从那时起，很明显电影行业里没有人会支持用真船拍摄。确实很冒险，我知道当时我孤立无援。我试着解释，我想让观众知道影片在最基本的层面上就是真实的。如今当你看主流电影的时候，即便不是真有必要，很多时刻也要用特效。观众都是年轻人，六七岁的小孩也能辨认得出来，他们知道那是数字特效，通常他们甚至知道它们是怎么制作出来的。但我觉得我想让观众能够再次相信自己的眼睛……

○《陆上行舟》中的船很明显是一艘真船，缆绳明显在绷紧。举个例子，如果你看一下《指环王》，他们让角色在连绵的山坡上排成一条长龙，这显然是特效。但在你在非洲拍的那部《眼镜蛇》里，一则消息在一行人中传递了好几英里，这件事真的在发生。人们在山坡上排成连绵不断的队列。很明显这件事真的在发生，非同凡响。

● 当你拉着一艘船翻过一座山的时候，你能感觉到某种特质。那艘船有三百六十吨重，我知道我做得到。但我也知道它会造成没人料想得到的难堪。很多超大型号钢缆直径有五厘米，我是说就跟这张桌子的厚度一样。它们会像细线一样崩断。当你在其崩断之前轻轻敲击它们，当你触摸并轻敲它们时，声音听起来是很厚重的，听起来与众不同；当它们崩断的时候，张力是如此大，承受的力是如此大，以至于缆绳的内部都是红热的，它们的里面在发光。这件事我没放在电影里，但我见过，你在《陆上行舟》里看到的很多东西都是由事件本身创造的。我始终追求着更深层次的真相，狂喜的真相，我会永远捍卫它，只要我还有一口气。

○ 你也为使用真实的拍摄地点而辩争。在亚马孙河上游九百英里的地方，能杀死你剧组成员的毒箭从丛林里射出来，不去那种地方，不生活在那种环境里，《陆上行舟》可能也拍得成。但你对我说起过实景的魔力，你说你在拍摄《诺斯费拉图》的时候还想用和茂瑙拍同名电影时一样的拍摄地点，因为某种共振（vibration）……

● 是的，我说过，但我其实不相信共振，那是嬉皮时代的东西。有一个镜头里出现了一排建筑，它们仍耸立于德国北部的一座城市，我在影片很多场戏里都用到了它们。我知道在电影里藏着一些建筑，我只是想向茂瑙低头致敬。但除此之外，我确实擅长利用拍摄地点。我知道如何去做。不只是建筑，我拍的是景观。

○ 你会说茂瑙是你真正的先辈吗？

● 是的。我认为他当然是，因为我仍然坚信没有比他那部默片《诺斯费拉图》更好的德国电影了。由于我们是战后第一代，我们没有父亲，没有导师，没有老师，没有大师，我们是一代孤儿。我们中很多人的确就是孤儿，我也类似，不过其他很多人的父亲死在监禁中，死在战争里，诸如此类。那些拍电影的人，大多数，绝大多数，都死于纳粹政权。一些人被送进了集中营，最好的则像茂瑙和其他人那样离开了德国，所以对于我来说，唯一的参考就是祖父那一代，默片时期的表现主义电影。[影评人、历史学家] 洛特·艾斯纳是我的一位重要导师，她通晓影史，我的意思是她认识在电影行业工作且扮演着重要角色的每一个人。她认识卢米埃尔兄弟，她认识在 1904 年到 1914 年拍电影的梅里爱，她认识爱森斯坦和所有更年轻一些的人，年轻的朋友们，年轻的德国导演。所以她是这个星球上认识他们所有人并看过他们所有电影的最后几个人中的一个，没有人不尊敬她。

○ 据说当你拍完处女作后，你把它放进小背包里从德国走到巴黎给洛特·艾斯纳送去，我喜欢这个故事。

● 不，不是……

○ 你没真的那么做吗？

● 实际上，我的长片处女作《生命的标记》是寄给她的，她真的看了，还把它寄给了弗里茨·朗，她说“德国终于又有电影了”，朗喜欢这部电影。走着去找洛特的故事跟你说的有点不一样。几年后的一个清晨，我接到一个电话，是一个朋友打给我的，这个电话把我叫醒了。她说：“快来，快来，你是坐着的吗？你是坐着的吗？”我就说：“是的，我坐着呢。”“快来，洛特要去世了，她中风了，很严重，她快死了。快来，你必须来。”于是我放下电话，想了片刻。我说：“我不打算飞过去，我拒绝坐飞机，拒绝坐车，我拒绝做任何别的事，我要走路去。”因为我不想让她死。我确信无疑——我不是迷信——我无比坚定地相信，在我从德国走到巴黎的过程中，她是没有机会死去的，我不允许她死，我不想要她死，因为这太早了。她仍然是不可或缺的。那是初冬时节，那年的气候特别严酷，因为有暴风、暴雪和从西边来的暴风雨。我拿了一个指南针，用它确定方向，选了会穿过田地和河流的最笔直的路线，然后我抵达巴黎，她出院了。她出院了，活了下来。八年后，她肯定有九十岁了，没人确切地知道她到底多少岁，因为她从七十五岁起就开始在年龄上说谎，我想她庆祝过好几次七十五岁生日。我们喝着茶，非常随意，她小口咬着曲奇对我说：“听着，听我说，我几乎瞎了，我再也无法阅读，再也看不了电影，再也走不了路，我厌倦了生活。”——她甚至说生活“糟透了”，她受够了活着。然后她对我说：“但我身上还是有这个咒语，说我绝不能死。”我非常轻松地对她说：“这个咒语解除了。”两周后她就去世了。她在恰当的时间死去了，这是好事，那时候去世是好事。所以我并没有背着拷贝去见她。

○ 这是个好故事。

● 实际上我喜欢背着拷贝，因为不知为何它能为我证实一件对我来说难以置信的奇怪的事情。我经常想我也许在做梦：拍电影的会不会是我的兄弟，我却试图宣称是我自己拍的？我真的不知道。我有一个在我一生中从未造成任何影响的怪异父亲。当我偶尔去见他的时候，他正活在一种完全捏造出来的生活里。他说起他写过的某个普遍性的科学研究，但我知道他从来没写过一行字。他在不知多少领域不停地做研究，他会跟来探访的人，甚至跟自己的孩子说起他的研究，即使我们知道他从来没写过。我记得有一次我摸着他的肩膀说：“嗯，但你从来没写过。”他看着我，似乎片刻间意识到自己确实没写过，但是五分钟之后他又开始胡言乱语。所以我常常想：“是啊，我是不是真的拍过电影呢？”我偶尔会带着一个拷贝，你能感觉到它的重量，差不多五十磅重。

○ 是你拍的。

●（笑）是啊。

○ 这部《纳粹制造》的开篇描绘了那个小男孩与他哥哥的

关系，还有他讲述公鸡的故事。这个寓言为电影打下了基础，因为这部电影对我来说就像一个寓言，就像那些关于巨人和力士的故事，讲他们如何来到城里，如何救了少女并击败了坏人。它的质朴是如此美丽。影片的主人公错信了力量，体力不会是答案，但他的思想、他的单纯则非常清楚答案之所在。这个故事在寓言和象征的层面上打动了我。

● 是的，我非常喜欢那个公鸡的故事，我知道它必须出现在电影里。电影如此开场很好。当然，这种故事的与众不同之处在于，他爱上了那个年轻的钢琴家，而他对他弟弟也有着与之同等的爱。我不知道具体有多少，在差不多五十部电影里，我从来没拍过一个吻。但在这部电影里突然有了一个非常温柔、非常短暂的吻。我此生从来没在电影里拍过吻戏。我的电影里也没有电话。人们开车的场景也不太打动我；你很少能在我的电影里看见人在开车。在我的一些电影里你会看到几辆车。也许这些反映出的是我在一个非常偏远的地方长大，那是阿尔卑斯山最偏远的地方，我十一岁之前没看过电影，事实上我甚至都不知道电影的存在。我们看到汽车的时候会追着跑。就像电影里的那样，汽车经过的时候我们真的会跑，我们想要看一看。我十七岁的时候才打了人生第一个电话。

○ 我不想提起另一个我可能弄错了的故事，但当你说到你十一岁的时候，我试图回想起你曾经告诉过我的关于看到克劳斯·金斯基的一些细节。那是在你小的时候。

● 那时我十三岁。

○ 十三岁。你莫名其妙地知道了些东西，一看到他你就知道了些什么。

● 我们搬到了慕尼黑，住在某种寄宿公寓里，我们四个——我、我母亲和我的两个兄弟，所以一个房间里住了四个人。房东是一个对挨饿的艺术家有善心的老妇人。有一天，她从街上把金斯基领了回来，呃，其实是从他侵占的一个阁楼里。他擅自在阁楼里住下，在房间里堆满秋叶，惹出了不少乱子，他会爬到屋顶上，反抗试图逮捕他的警察。她把他带回家，给他饭吃，让他住在寄宿公寓一个非常小的房间里。她给他洗衣服、做饭，包办一切，都是免费的。一开始我就吓坏了。每个人都吓坏了。他只花了四十八小时就把整个卫生间弄得一地碎片。

他会大喊和尖叫，唯一不怕他的人——只是诧异和惊叹——是一个年轻的农家姑娘，十七八岁。她一点也不害怕。她有一个托盘，金斯基把托盘扔在墙上，所有的餐具碎了一地，我现在还记得她当时的样子，她弯下腰，缓慢地捡起空的托盘，打在了他脸上。他会镇静片刻，但转瞬即逝，因为他就像，我怎么形容呢，就像一场飓风一样。他会毁掉公寓和电影拍摄现场，还会毁掉车，毁掉法拉利，不，不是法拉利，是劳斯莱斯，频率是每周毁掉一辆劳斯莱斯。

后来当他在意大利挣了大钱时，身后总是会留下一路残骸，其中有一些事并不好笑，因为他身体里有一部分真的、真的、真的很恶劣。所以愿他安息，要是他能遇见造物主，希望他与造物主讲和。那时我十三岁。当然，有一天我请他出演《阿基尔》。当我十二年后把剧本寄给他的时候，我知道如果他接受邀请会发生什么，但我从来不害怕。

○ 很多导演不会雇用他们觉得会成为麻烦的人。

● 不，他远不止是……

○ 远不止是麻烦。你将把他带到雨林中央，离任何地方都有数百英里，跟他一起住上好几个月。这是一部但凡出了什么差错就绝不可能再来一次的电影。你赌上了一切。当我们想起《阿基尔》的时候就会想起金斯基，所以你的决定是正确的，但也冒了太大的风险啊。

● 当你知道你只有一种选择的时候，你没有别的路可走。绝对没有其他选择。但当金斯基扮演阿基尔时，他不能害怕真正去做这件事，无论发生什么，只要你对自己的设想有把握，你就会成功。

○ 据说金斯基全凭是否便捷和拍摄地点选电影。

● 是钱。

○ 钱。

● 他甚至会为了钱去拍露骨的色情片。钱、钱、钱！如果他为了什么事开始叫喊的话，他会喊到嘴上结霜为止。他会大骂那个没有给他足够报酬的家伙是头猪，骂那人是变态的混蛋。他肯定把我区别对待了，因为我给他的显然比别人少得多。我给他的也就是别人的零头。我没有那么多预算。金斯基这个混蛋拿走了全部预算的三分之一。

那时有一件有趣的事。影片真正好的版本是德语版，那才是原汁原味的版本。我们在激流上拍摄了很多戏，那里有巨大的噪声，虽然我们有一些现场收音，但你几乎一个词都听不清。我们不得不做后期同步配音，于是我对克劳斯说："我们需要你来录音，要一天半的时间。"他说："好，我会去，但我要一百万美元。"这根本不可能。他当然知道我连一千美元都没有，我身无分文了，我的手表没了，一切都没了，而他却要一百万美元，他对这部电影恨之入骨，到了令人难以置信的程度。他没来录音，所以我用了一种不一样的声音来做配音，效果跟金斯基的声音一样好。为做到这一点我付出了很多努力，没有人，没有人会知道那不是金斯基的声音。但现在你们知道了。请你们不要……不要透露给媒体。

○ 但你刚刚告诉了一千六百人。（笑）多么令人惊叹啊，你后来又回到丛林拍《陆上行舟》，似乎你们两个都想这么做。

● 我觉得我们没疯。他明白我们两个都必须承担一项更重大的责任。我们做的实际上是最危险的事情。虽然我可以容忍一切，而且不是只有金斯基让人难以忍受，但把船拉上山是一件你无法想象的事，其间我们遇到了各种各样的灾难。我们有两起飞机失事事故。有人被巨大的箭射中喉咙差点死了，我们在餐桌上给他们做手术。书上说的每件事都发生了，而且现在金斯基到了片场。两天后，剧组里的每个人都与我反目了："你怎么敢又把这个瘟神带来？我们不干了！"演员们每天都会罢工，威胁不干了。对我来说有一条底线，那就是责任，一项重大的责任。他和我的身上都肩负着这项重大责任。

在拍摄《阿基尔》的最后，杀青前十天，我觉得金斯基那天照旧没有背台词。其实台词都很短，突然他打断了一切，到处乱扔东西，耍着脾气大喊大叫，毁了半个片场，嚷嚷着剧照摄影师刚才笑了，必须当场解雇。我当然不会解雇剧照摄影师，因为要是这么做的话，别人也会一起走的。

我说：“不，我不会这么做，咱们冷静一下就继续吧。”他就离开了片场。我知道他为什么要这样做，因为光是过去五年，他就这么干过三十五次。很多电影拍摄计划因为他这样做取消了或搞砸了。这种事都有详细的记录。他打包了自己的行李，放到一艘快艇上，随后没完没了地叫喊。这件事不知道为什么没被媒体正确地报道，我有证人能证明我没带枪，也没用枪指着他，但我走上前对他说：“克劳斯，我不必在你们两个之间做选择。我已经花了几个月的时间考虑我们不能逾越的底线在哪里。你这样做就是逾越底线了。这不是你能活着做成的事。”

我对他说“我有把步枪”，非常平静。他可以试着开走船，也许能到下一个河湾，但是会有八发子弹穿过他的脑袋。但枪里当然有九发子弹，我说：“猜猜谁挨最后一发？”他看着我，明白了这不再是玩笑。我会那样做的。他明白自己最好规矩点，接下来几天他对我充满敌意。这件事可能现在听起来很滑稽，对我来说很滑稽也很怪诞；如果我坐在场下，也会跟你们一起笑。但我想说的是，始终有一条明确的底线，一条绝对不能逾越的底线。所以一旦你接受了这份职责，你必须明白自己肩负的责任是什么。我自己永远清楚这点。

○ 在《纳粹制造》里你用了类型相反的演员，我记得你的主角［约科·阿霍拉］来自斯堪的纳维亚。

● 他两次获得了“世界最强力士”的称号。

○ 他看起来是世上最和善的人，他的笑容是那么温暖。

● 他就是金斯基的反面，他是个非常讨人喜欢的人。你第一眼见到他的时候就能立刻感觉到，你会有一种类似女人的直觉，你在五英里外就可以感觉到他的自信和温和。是真的，人们都爱他。而且不知怎么回事，他很擅长和别人交往，比如说安娜·古拉里，就是那个在蒂姆·罗斯的演出中弹钢琴的人。

这名大力士不愿接这个角色，因为他从来没演过电影，他说："呃，我能演电影？"我说："是的，你能做到。我了解我的工作，我知道如何把你变成一个令人信服的演员；你只需要对自己的力量有信心，你必须对自己是谁有信心。你应该相信自己的眼睛，所以如果你从地上举起了九百磅的重物，你要相信它确实是九百磅。"

他出现了，他还能举起更重的东西，即所谓的硬举。他弯下腰，把杠铃从地上抬起，放到膝盖处，然后举起来，那是在洛杉矶，所有的大力士都在那里锻炼，包括施瓦辛格，数以百计。他自己带了杠铃杆，因为他需要加长的横杠，能让他加重再加重。他就这样做，开始举重，人们围绕他聚集起来，随后有将近四百人围着他，都盯着那一千磅的重物看。他蹲下，举起它，扔下它，离开。然后他冲了个澡。

○ 而在体形上是另一个极端的蒂姆·罗斯，这个九十磅重的瘦子是世界上最优秀的演员之一。

● 没错，他确实是。

○ 我每次看这部电影都有这种感觉：如果我想的话，如果我没有刻意下决心不这样的话，我就会被他催眠。他透过银幕直视着我。

● 那确实发生过，我教过他如何催眠，因为我曾经一整部电影都……

○《玻璃精灵》!

●《玻璃精灵》，是的，我拍那部电影的时候所有演员都处于催眠状态。所以我教了蒂姆·罗斯如何做这件事。有趣的是，当时摄影师通过目镜看着他，坐得很近，突然就开始摇摆，戏还在进行，我抓住摄影师的头发，轻轻地把他摇醒。所以，是的，如果观众有这个意愿，是可以被银幕催眠的。这就是我实际上打算在《玻璃精灵》里做的事；我真的曾经有过自己出现在银幕上的念头，我会解释我是导演，说这些戏都是在催眠状态下拍摄的。“如果你想在催眠状态下看这部电影，现在就听我的指示。我会请你看着类似一支铅笔的东西，不要移开目光，听我的声音，跟着我的话，跟着我的指示。”

当然，我会告诉观众在影片结尾他们将回到银幕上，轻轻地重新醒过来。我真的曾经给被催眠了的观众看过电影，比如说《阿基尔》。放《阿基尔》那次非常奇怪，因为我记得一个年轻姑娘看的时候不断地围着阿基尔绕圈，仿佛她是一架直升机，仿佛她能看到后面一样。

○《玻璃精灵》是一部出色的电影，讲的是一个村庄失去了制作玫瑰色玻璃的奥秘。

● 红宝石玻璃。

○ 这个村庄里的很多代人都靠这种红宝石玻璃维持生计。我一直记得一个镜头：两个人从桌对面看着彼此，喝着啤酒，其中一个拿起大啤酒杯砸在另一个的头上，后者毫无反应。

● 是啊，不过我在乡下长大的时候见过这种对视场面，我可以预测两个人会在十分钟内打起来。他们平静至极，只是盯着对方看。我会看到他们最终如何拿起啤酒杯砸在彼此头上的仪式。实际上在巴伐利亚，有一条法律规定大啤酒杯的两侧必须各有一个凹槽，所以当你砸的时候杯子会更容易裂开，不然它就会打碎人的头骨。

○ 问你任何问题都不可能得到不令人着迷的答案。凌晨两点了，没有一个人走，你把他们都催眠了。

● 确实已经很晚了。

注 释

[1] 伊伯特举办这个电影节为的是放映那些没有受到公众、影评人甚至发行商足够重视的电影。——译注

“跟我讲讲那些冰山，跟我讲讲你的梦想”

2008年7月7日

维尔纳·赫尔佐格的纪录片《在世界尽头相遇》讲的是在南极安家的人类和其他生物。影片将于7月11日在芝加哥八音盒影院首映并在全球发行。我向这位伟大的导演提了五个问题。（○代表罗杰·伊伯特；●代表维尔纳·赫尔佐格。）

○ 从你职业生涯开始的时候起，你就被生活在极端状态中的人所吸引。想象不出一部围绕普通人过普通生活的赫尔佐格电影。为什么例外在你这里如此普遍呢？

● 我对我们人类的处境很好奇。就像你会通过将物质置于极高的温度、极大的压力或极强的辐射条件下来了解其性质一样，人也会在极端处境中展现出本质。希腊人有句谚语我一直很喜欢：“暴风雨中方现船长。”普通生活是我们自己过的，但对电影来说却不算是肥沃的土壤。

○ 从《阿基尔》那时候开始，甚至更早，你就被遥远又偏僻的地方所吸引。一些作品的拍摄条件必定非常艰苦。你在雨林拍摄的原因很有名；你说你在亚马孙上游数百英里（而不是刚进丛林几英里）的地方拍片，是因为影片会吸收“实景的魔力”。这部电影里你来到了南极。是什么把你吸引到了世界尽头？

● 由于我是在巴伐利亚山里的一个非常偏僻的地方长大的，我心里总是对地平线另一边有什么有着巨大的好奇。《阿基尔》的拍摄地点相当明确。但在《陆上行舟》拍摄期间，有人说我拒绝在我们位于丛林城市伊基托斯（Iquitos）的大本营附近拍摄，是为了来点“魔力”，这种观点无疑是错误的，而且很难让公众摆脱这种看法。

《陆上行舟》依赖于一种特殊的地形：亚马孙河两条平行的支流之间距离必须不到一英里，而且只隔着一座容易克服的山丘，便于我们拉一艘船过去。我起初在秘鲁北部一个合适的地方拍摄，在厄瓜多尔边境附近，然而为一千名群众演员建的营地一造好，一场边境战争就爆发了，营地被烧成了平地。下一个最理想的地点离伊基托斯一千多千米，我没有选择的余地。

至于南极，它本身对我来说没有特别的吸引力，是罗斯海冰层下那不可思议的水下影像让南极变得无法抗拒。不过如果有机会带一架摄影机探索太阳系里的一个星球，我也会去，即使只有单程票也可以。

○ 你的方法是什么？《在世界尽头相遇》里与你对话的所有人都是非常有趣的怪人，他们用一种特别的方式，几乎是在客观地谈论自己的生活。你是到处闲逛着跟你的南极居民们搭话的吗？他们如何看待拍一部讲他们居住地的电影的想法？他们中有人知道你和你的作品吗？你如何打动那些不知道你的人？

● 去南极需要很大的自信。先进行一次勘景之旅是不可能的。我去那儿只带了一名摄影师（我自己录音），我知道自己七周后必须带着一部电影回来。

麦克默多站的人不太知道我，但他们很快接受了我。我与他们中相当多的人相处的时间，只比你在银幕上看到的多几分钟而已。那个研究巨型冰川（“比建造泰坦尼克号的国家还要大”）的科学家，正要去搭乘飞往新西兰的航班，他只能给我三十分钟的时间，其中二十分钟我都用来让他感到安定和放松。然后我说：“我知道内心深处你是一个诗人。跟我讲讲那些冰山，跟我讲讲你的梦想。”

○ 你从哪里获得无穷无尽的精力和好奇心？尽管被隔绝在大多数常规的融资渠道之外，你仍是世上最多产、最高效的几位导演之一，并且从未违背自己的原则去拍一部“纯商业”的项目。

● 我也只能猜一下。我始终跟随着一种愿景，并培养了一种责任感。对于我的好奇心，最好的答案来自《相遇》[1]中的一个人物，一个开履带车的保加利亚人。他学的是哲学和比较文学，他讲起他祖母在他小时候给他读《奥德赛》的事。他说：“那就是我爱上这个世界的时候。”我的心停跳了一瞬。我也是很小的时候就知道我爱上这个世界了，我的所有电影都可以为此作证。至于“纯商业”项目，我一直想拍主流电影，那种能被所有国家、所有年龄层理解的电影。我依靠我的一些电影作品也许已经成了某种秘密的主流。至于资金，只有信念能移山，钱不能。

○ 在这部电影里，你又一次渲染出了一种末世气氛。片名可以有两层意思。你觉得我们的日子快到头了吗？如果是的话，那继续拍电影、工作和在意任何事的目的是什么呢？你如何看待自己的所有作品，以及几百年来人类的所有其他表达都毁于一旦的可能性呢？

● 我还拍过其他有末世气氛的电影，尤其是《黑暗之课》，还有《创世纪》。然而，我不认为末日即将来临，但有一件事很清楚：我们只是这个星球短暂的客人。宗教改革者马丁·路德（Martin Luther）曾被问道："如果世界将在明日终结，你会做什么？"他回答道："我会种一棵苹果树。"而我会开拍一部新的电影。

注 释

[1] 即《在世界尽头相遇》，下同。——编注

导演赫尔佐格的狂喜

2010年4月6日

我第一次看《阿基尔，上帝的愤怒》是在芝加哥林肯公园附近的一座路德宗教堂里，这座教堂当时已“不奉神职”，米洛什·斯特赫利克为了他新成立的琢面多媒体中心将其接管下来。“这是一部你必须看的电影，”他对我说，“带个垫子。教堂长椅坐久了挺硬的。”

我看了一部伟大的电影，影史上最伟大的电影之一。它至关重要。1999年，我让它成为第一批入选“伟大的电影”系列的影片。如今，我怀疑自己是不是真的看过这部电影。

维尔纳·赫尔佐格这周在科罗拉多州的博尔德，与另一位优秀的导演拉敏·巴哈尼（Ramin Bahrani）一起逐镜观看《阿基尔》。这对于影迷来说是一生难得的经历。我们参加的是第六十二届年度世界事务会议（Conference on World Affairs）。可能有一千人挤在麦基礼堂，巴哈尼和赫尔佐格在黑暗中并肩坐在一起，吉姆·埃默森（Jim Emerson）会在有人要求的时候暂停DVD画面，观众喊出问题，然后赫尔佐格谈论拍片的过程。

这个活动始于2009年。去年，巴哈尼带着他的《拉丁男孩的天空》参加了“打断电影”（Cinema Interruptus）活动。他带着强烈的尊重和热爱谈论电影。他是一位一丝不苟的导演，电影中没有一帧是漫不经心拍摄的。他提到过他有多想见赫尔佐格。于是一个想法应运而生。今年拉敏和我邀请赫尔佐格参与进来。赫尔佐格来了，他简直让人欲罢不能。我可以整夜听他讲述。他的想象力并没有被流行文化击垮。他寻找新的景象——实打实地在地球两极，在沙漠里，在海洋中，在山顶上，也在人的思想里寻找。这次，他谈论了《阿基尔》前十七分钟的拍摄经历，这周第一天电影我们就看到这里。

影片的开场镜头里，大概有两百名西班牙征服者和印第安奴隶沿着狭窄的小径下行，两侧都是高达两千米的悬崖。他们拉着大炮和补给，路面泥泞湿滑。其中只有六名专业演员，其余都是印第安土著、嬉皮士和在最近的小城里招募的路人。赫尔佐格让他们按照与下山时相反的顺序爬上那条小径。他们乐意在高处等着吗？那条小径太窄了，一次过不了两个人。如果他在下面让队伍停下来，他们就别无选择。

起初，他们在一个大远景镜头里下山，身影在雾里模糊不清，被秘鲁雨林衬托得非常渺小。随后，在同一个未被打断的镜头里，摄影机调整焦距，我们看到他们在前景里出现，从左向右走。右侧是正向，因为他们相信自己正接近黄金之城埃尔多拉多。都不是专业的面孔，而是饱经风霜、疲倦而沧桑的面孔。印第安人就穿着到达片场时穿的衣服。

赫尔佐格只拍了一次。他再也无法说服这些演员重新爬一次山。我们看他们下山时，他暂停了 DVD 画面，谈了谈其中的几个演员。一个胖子吃掉了所有杧果。一个是赫尔佐格的好朋友，他是个半文盲，绕着北美骑行了三万五千千米，之后成了一名出色的摄影师。最重要的是他的主角克劳斯·金斯基，几年后他拍了一部关于金斯基的电影——《我的魔鬼》。

怒不可遏的金斯基。他说自己是个能像动物一样在森林里生活的“自然人”。后来他抱怨帐篷漏水。后来他又抱怨搭在帐篷上的茅草顶也漏水。后来他又极不方便地搬进了一家破烂酒店，在那里他夜夜殴打自己的妻子，工作人员要小心地擦掉血污。

“懦夫。”赫尔佐格说。

“是真的吗，”黑暗中有人问，“曾有印第安人要你准许他杀了金斯基？”

“不是这部片。那是拍《陆上行舟》时的事。”

巴哈尼暂停了影片，画面里是一个像帐篷一样的带顶小轿子，被挑夫用抬杠扛着穿过丛林。轿子里是这支队伍中的一个女人。这个细节跟影片的大部分内容一样，是没有事实依据的。一切都来源于赫尔佐格的想象。

“那是你的手吗？”巴哈尼问。我们看到一只手猛地伸出来稳住轿子，随后就不见了。

“是的，那是我在电影里出现了，”赫尔佐格说，“我怕他们站不稳。”

“我在哥伦比亚大学给我的学生们看这部电影的时候，”巴哈尼说，“我一直告诉他们，我赌这肯定是赫尔佐格的手。”

这支队伍抵达了以急流闻名的乌鲁班巴河。那是 1971 年 1 月 2 日——正值汛期。他们建造了木筏，好让由阿基尔率领的先头队伍继续前行。有河的戏他们只能拍一次，因为在那片丛林的条件下沿着河岸走回来是不可能的。其中一艘木筏被小心翼翼地驶入了漩涡。这样做非常危险，赫尔佐格说，有人在他们上方的悬崖上，一旦木筏倾覆就会放绳子下来。木筏上只有最能吃苦的演员，“片酬也着实增加了不少”。

赫尔佐格说，也就一年前，他回到了乌鲁班巴河，在这个镜头拍摄地点的上游四分之一英里处，为他最新的电影《儿子，你都干了什么》拍摄了一场戏。没有人问他为什么，确实也很难找到一个原因，去解释为什么一部背景在圣地亚哥的犯罪片会需要秘鲁急流的镜头。不知道为什么，和赫尔佐格在一起，你是不会问这种问题的。

还有别的麻烦。赫尔佐格抓住了一棵树，那是红火蚁的高速通道，他用大砍刀击打这棵树，并且赶走了几百只掉到他身上的红火蚁。一家骗子运输公司贿赂海关给文件盖了章，随后把赫尔佐格委托运送的底片盒扔在了野地里，后来赫尔佐格的兄弟发现了这个地方，把它们捡了回来。赫尔佐格在不知道自己有没有影片前半部分底片的情况下拍了后半部分。

他说他不太重视构图。“我的注意力全都集中在拍摄对象上。”有一个表现那个胖子骑在大炮上吃杧果的镜头。一名观众问：“那是性器官的象征吗？”赫尔佐格回答：“说实话，在你指出来之前我从来没这么想过。我只是想拍这个吃光了我们所有杧果的人而已。”

有观众谈到有个镜头有着“画一样的构图”，画面中是西班牙远征队在一片空地上搭建的帐篷。

“我是一名导演，不是画家，”赫尔佐格说，“我有在画面中安排人和马的天赋，这对我来说水到渠成。”

下午六点了，电影我们才看了十七分钟。赫尔佐格只能从目前的电影拍摄安排里再抽出一天的时间。然后巴哈尼会来主持，他之后是吉姆·埃默森和女演员朱莉娅·斯威尼（Julia Sweeney）。观众中很多都是这种观影分析过程的老手，他们的见识令人惊叹。

赫尔佐格必须回去工作。他被准许在法国南部的肖维－蓬达尔克岩洞内拍摄三个小时，那里面的壁画经测定可以追溯到三万两千年前。没有比赫尔佐格更适合在这个几个世纪来未见天日的圣地拍这部电影的纪录片导演了。他会为它带来敬畏与诗意。

我之前说我怀疑自己是不是真的看过《阿基尔，上帝的愤怒》。我已经看过很多遍了，并且一次一个镜头地分析过。但我意识到某种程度上我是通过被商业电影塑造过的眼睛看它的。

赫尔佐格谈到过“实景的魔力”。我认为他的意思是，一个真实事件发生的真实地点，会为电影带来一种精神上的，或者说情绪上的，或者说感官上的感染力。《阿基尔》里完全没有特效，你看到的实际上就在那里。很多镜头都是一次过，有些是两次，只有几个对话的段落拍了三四次。在某些情况下，镜头中展现的事件只能发生一次。

影片记录了一次大胆且鼓舞人心的开拓、一次鲁莽的开拓。它展现了欧洲人侵占一片新的土地的过程，很悲哀，这片土地并不适合生存，而且他们的到来对现存的文化是毁灭性的。他们寻找黄金——这在某种意义上解释了一切殖民主义。但赫尔佐格说：“我不考虑象征和寓意。”他也非常鄙视叙事弧——“好莱坞主人公经历了一系列的精彩事件”。他也不在乎时间，如果一个镜头持续的时间能在我们心里引发一种感觉的话，他就乐于让其超过常规时长。

重要的是经验本身，直接的经验。关于河上木筏的几场戏，他说：“我们都凝聚在一起——演员和剧组成员——我们都知道只能拍一次。”他们做的事让他们有了生命危险，尽管没人死去。他们有很多理由去做这件事，然后事情就完成了，现在我们看到了这部电影。这部电影，同时也是一种奇观诞生过程的记录。

第四部分 伟大的电影

《阿基尔，上帝的愤怒》

1999年4月4日（1972年上映）

“在这条河上，上帝的创造从未完成。”

被俘的印第安人郑重地对最后剩下的几个西班牙探险队员这样说道，这支队伍正在寻找传说中的黄金之城埃尔多拉多。探险队的一名神父递给这个印第安人一本圣经，说这是“上帝之言”。他把书拿到耳边，却什么也听不见。他的脖子上挂着一块金饰。西班牙人一把扯下金饰拿到眼前，痴迷地重燃起希望——现在终于、总算要找到埃尔多拉多了。“黄金之城在哪里？”他们冲印第安人叫喊，让奴隶翻译给印第安人听。印第安人漫不经心地向河流摆摆手。还远，始终还远。

维尔纳·赫尔佐格的《阿基尔，上帝的愤怒》是令人难忘的一大电影奇观。它讲述了西班牙征服者贡萨洛·皮萨罗（Gonzalo Pizarro）[1]那段注定失败的远征，他被失落之城的故事引诱，于1560年到1561年带领一队人马进入秘鲁的雨林。影片的开场镜头是一幅摄人心魄的画面：一长列队伍沿一条陡峭的小径蜿蜒而下，去往低处遥远的山谷，云雾缭绕遮蔽了山峰。这些人穿戴着钢盔和胸铠，用有篷的轿子抬着他们的女人。

他们穿的是参加宫廷盛典的服装，很不适合进雨林。

音乐定下了基调。旋律萦绕人心，带宗教色彩，富有人性，同时还包含了某种独特的东西。它出自弗洛里安·弗里克之手，他的乐队波波尔·乌（以玛雅创世神话命名）为赫尔佐格的很多部电影谱写了配乐。赫尔佐格曾告诉我：在这段开场戏中，“我们用了一种奇特的乐器，我们叫它‘合唱风琴’。在它的内部有三十六盘磁带，它们以并行方式循环运转……所有磁带可以同时播放，乐器配了一架键盘，你可以像演奏管风琴一样去演奏这些磁带……它听起来就像人声合唱，但非常不自然，真的相当诡异”。

我强调音乐是因为赫尔佐格电影里的声音是影片效果的有机组成部分。他的故事以一种直截了当的方式开始，但其结果是无法预料的，看不出来它们会如何发展：故事不是终结于一个“结局”，而是在我们心中创造出了一种情绪——一种精神性或梦幻的感觉。我认为他想让他的观众感觉自己像是超然的观察者，站在时间之外，目睹宇宙的浩瀚压抑人类的梦想与妄想，为此感到悲伤。

如果说音乐对《阿基尔，上帝的愤怒》至关重要，那么克劳斯·金斯基的面容也是如此。他有着充满忧虑的蓝眼睛和又宽又厚的嘴唇，如果不在疯狂的龇牙咧嘴中收紧的话，两片嘴唇看起来会很性感。片中他饰演了西班牙征服者中意志最坚定的那个。赫尔佐格曾告诉我，他在德国第一次见到金斯基的时候还是一个孩子：“那一刻我就知道，我的命运是拍电影，他的命运则是参演其中。”[2]

当皮萨罗担忧这场远征是愚蠢之举时，他挑选了一个小队花一周的时间去更远的上游查探。他说如果他们一无所获，这次远征就会终止。这个小队由贵族唐佩德罗·德乌苏亚率领，阿基尔（金斯基饰）当他的副手。队伍中除了士兵和奴隶，还有一名叫加斯帕尔·德卡瓦哈尔的神父，愚昧的贵族费尔南多·德古兹曼，德乌苏亚的妻子弗洛雷斯，阿基尔的女儿伊内兹。此外还有一个叫奥凯洛的黑人奴隶，他伤心地对队伍中的一个女人说："我生来本是一名王子，人们都不许看我。如今我身披枷锁。"

赫尔佐格并没有加快他们的旅程，也没有让其中充斥做作的悬念和情节。我们首先感觉到的是河流和周围森林的广袤——没有可以落脚的地方，因为河水上涨淹没了河岸。当其中一只木筏卷入漩涡时，注意赫尔佐格是如何处理这场早期危机的。奴隶们全力以赴地划着，但木筏还是动不了。赫尔佐格的摄影机留在陷入危险的船员对岸，他们的遇险似乎遥远又无解。阿基尔不屑一顾地驳回了所有营救方案，但还是有一组人被派了出去，试着从另一边接近他们。第二天早上，木筏还在原地漂浮，上面的所有人都死了。

他们是怎么死的？我有我的想法，你也有你的想法。重点在于死亡就是远征队的命运。首领德乌苏亚被关押了起来。阿基尔安排选举德古兹曼当他们的新首领。很快两人都死了。德古兹曼的最后一餐是鱼和水果，作为代理"国王"，他贪婪地吃着；而他的手下，每人只能得到几颗玉米粒充饥。一匹马发疯了，他命令把它扔下水去，人们沮丧地嘟囔着，它的肉能吃一个星期。不久后，德古兹曼的尸体就被发现了。

阿基尔实行着恐怖统治。他用一瘸一拐的古怪步态趾高气扬地走在木筏上，就像他的一侧膝盖无法弯曲一样。他眼中闪烁着疯狂。当他无意中听到一个手下小声谈论逃跑的计划时，他砍下了那个人的头，快到那人在人头落地时还继续讲着话。影片中的死亡大多发生在画外，或者发生得迅速而悄无声息，就像箭自丛林里轻声飞出来，射入人们的脖子和后背。电影结尾的戏是我看过的最令人难忘的画面之一，阿基尔独自一人在木筏上，被尸体和成百上千只聒噪的小猴子包围，仍在规划着他的新帝国。

《阿基尔》的拍摄过程是电影圈内的传说。赫尔佐格，一个常谈起“实景的魔力”的德国导演，带着他的演员们和剧组来到遥远的丛林地区，那里热病频发，挨饿似乎也很有可能。据说赫尔佐格曾用枪逼迫金斯基继续表演，尽管金斯基在他的自传里否认了这件事，还阴沉地补充说唯一一把枪在他手里。演员、工作人员和摄影机实际上全都在我们看到的那种木筏上，而且赫尔佐格告诉我，通常“开拍前十分钟我还没想好台词”。

反正这部电影不是靠台词来推动，甚至不是靠人物来推动的，除了阿基尔，塑造阿基尔性格的不光是话语，还有他的面孔和身体。我想，赫尔佐格从这个故事里看到的，是他在自己很多作品里找到的东西：被丰功伟绩的幻景缠身的人，因为敢于追求那些幻景，他们犯下了骄傲的罪行，被残暴无情的宇宙压得粉身碎骨。这让人想起他那部讲跳台滑雪运动员斯泰纳的纪录片，斯泰纳想永远飞下去，他的能力太强，甚至有飞越降落区、撞到石头和树的危险。

在现代导演里，维尔纳·赫尔佐格是最具创见的，也最痴迷于宏大主题。难怪他执导过很多部歌剧。他不想讲一个情节精彩的故事或者录下风趣的对话；他想要把我们抬升到奇观的领域中去。只有少数几部现代电影有着同样大胆的想象，我想到的是《2001 太空漫游》和《现代启示录》。

在活跃的导演中，似乎一样有雄心壮志的是奥利弗·斯通（Oliver Stone）。在他们谈论自己作品的方式里有一种圣徒般的疯狂，他们不会被传统的成功所烦扰，因为他们追求超越。

《阿基尔》的姊妹篇是赫尔佐格的《陆上行舟》，也是金斯基主演，也是在雨林里拍摄，也讲了一项不可能完成的任务：一个人想凭人力将一艘蒸汽船经陆地从一个水系拉到另一个水系。当然，赫尔佐格为了拍这部电影，确实拉着一艘真船横跨陆地，尽管工程师紧急警告说缆绳会绷断，会把所有人拦腰切断。莱斯·布兰克执导了记录《陆上行舟》拍摄过程的纪录片《电影梦》，后者像那部电影本身一样触目惊心。

注　释

[1] 贡萨洛·皮萨罗是前文所说埃尔南多·皮萨罗的兄弟，历史上的贡萨洛·皮萨罗死于 1548 年。——编注

[2] 原文如此，与前文《我的魔鬼》影评中的引文略有出入。伊伯特在不同文章中对同一些话的引用会有细微不同，不再另行说明。——编注

《卡斯帕尔·豪泽尔之谜》

2007年11月17日（1974年上映）

维尔纳·赫尔佐格的电影不依赖传统意义上的“表演”。当他找到能够体现角色本质的演员时，那一刻他是最满足的，他会以一种着迷的强度研究这一本质。以布鲁诺·S.为例，他当过街头艺人和叉车工，他的姓氏被长期隐瞒着。他是两部赫尔佐格电影的主角：《卡斯帕尔·豪泽尔之谜》和《史楚锡流浪记》。他是妓女的儿子，在精神病院里关了二十三年，尽管赫尔佐格相信他从来都没疯。

不过布鲁诺非常奇怪，一根筋，有着孩童般的单纯和固执。在《卡斯帕尔·豪泽尔》里，他想看向哪里就看哪里，有时甚至会狡猾地斜眼注视摄影机，这时感觉就像他不是在看观众，而是穿过我们在看什么东西。或许除了自己，他无法扮演任何角色，但这就是赫尔佐格需要他的原因。在评论音轨里，赫尔佐格说在德国有人诋毁他，说他是在利用不幸之人，但如果你饱含同情地研究布鲁诺，你也许会发现，在布鲁诺看来，是他在利用赫尔佐格。赫尔佐格在评论音轨里把他称为“电影的无名战士”。

卡斯帕尔·豪泽尔是一个真实的历史人物，1828年的一个清晨，他出现在一座小镇的广场上，紧握着一本《圣经》和一封匿名信。影片中，大约在他人生的前二十年，一个不明身份的囚禁者把他关在一间地窖里，正如现实中布鲁诺的经历。小镇接纳了他，他被一对友善的夫妇收养，学习读写，甚至学会了弹钢琴（现实中布鲁诺也会拉手风琴和弹钟琴）。卡斯帕尔说起话来就像在他看来每天都是一个谜："女人有什么好处？""我狠狠摔了一跤降生到这世上。"再思考一下当他说"它托了个梦给我……"时表达的概念。

在赫尔佐格的作品里，现实与虚构之间的界线是不断变化的。他在意的并非准确，而是效果，是一种至上的狂喜。《卡斯帕尔·豪泽尔》讲故事的方式，不像一部围绕着主人公的叙事影片，而是一幅由异常行为与画面组成的拼贴画：一列艰难爬上山坡的忏悔者，一个由盲人带领的沙漠旅行队，一只捕捉蠕虫的鹳。这些画面与卡斯帕尔无甚联系，只是以某种方式反映并阐释他的挣扎。赫尔佐格最不感兴趣的就是"解开"这个孤独之人的谜团，吸引他的正是这个谜本身。

这位大导演生于1942年，拍了至少五十四部电影，在这些作品中，你都能够找到非凡的人，体现着他想要让人看到的品质。在《玻璃精灵》里，为了描绘一座被剥夺了生计的村庄，他催眠了所有演员。在《沉默与黑暗的世界》和《侏儒流氓》里，他试图想象盲人、聋人和侏儒的内心生活。这些人没有被他们的特征所囚，反而因此得到自由，能够进入我们无法涉足的领域。

赫尔佐格拍了两部围绕德国人迪特·丹格勒的电影，纪录片《小小迪特想要飞》和故事片《重见天日》。在纪录片中，曾入伍美国海军的丹格勒饰演自己，重演了从越共战俘营越狱，受尽折磨穿越丛林的逃亡经历。在故事片里，他的角色由克里斯蒂安·贝尔饰演。然而赫尔佐格曾说明过他在纪录片里编造了一部分事件，而这部故事片某种意义上是纪录片，讲的是为了拍摄本片而经受的磨难：贝尔瘦得像一个稻草人；真正的丹格勒那时只有八十五磅（约三十九千克）重。贝尔的表演某种程度上就像是蒂莫西·特雷德韦尔的献身。2005 年，赫尔佐格基于特雷德韦尔遇难前拍的录像片段，拍出了一部叫《灰熊人》的纪录片，特雷德韦尔以为自己可以不加防护地在熊群中行走，结果发现自己错了。还有约科·阿霍拉，一个芬兰举重运动员，曾两次获得世界最强力士的称号，赫尔佐格选他做《纳粹制造》的主角，该片讲的是在希特勒时期的柏林，有个波兰犹太人大力士假扮成完美雅利安人的样子。他不是演员，对于这个角色却是正确的人选。

贝尔确实是一名职业演员，但选他不光是因为他的演技，还因为他展现出来的特质。再拿克劳斯·金斯基举例，他主演了赫尔佐格的《阿基尔，上帝的愤怒》《陆上行舟》《诺斯费拉图》《眼镜蛇》《沃伊采克》。他演过一百三十五部电影没错，但金斯基曾告诉我他只看过其中的两三部。这是一个会大发雷霆的人，有着可怕的狂暴行为，据说曾一度被赫尔佐格用枪威胁。他还是《我的魔鬼》的主角，赫尔佐格的这部不留情面的纪录片讲的就是这个让他又爱又恨的人。看赫尔佐格电影里的金斯基，就是看一个人不被用来当演员，而是被当成推动电影的一种手段。

某种意义上，赫尔佐格职业生涯中最具标志性的影片是

《木雕家斯泰纳的狂喜》，这部纪录片讲述一个跳台滑雪运动员，因为飞得太好而必须在山坡中间起步，否则就会飞越降落区，飞到停车场里去。他的天赋反而成了一种限制，而他梦想着永远飞翔。无论是现实的还是虚构的，赫尔佐格的许多主角都有类似的逃亡梦想，也都非常非常自我，他们不知不觉地承载了赫尔佐格的创作意图。

《卡斯帕尔·豪泽尔之谜》是一部抒情的电影，围绕着一个最不抒情的人。布鲁诺·S.常身处牛马之中，他也有牛马的那种坚实可靠，当他面对这个世界时，我想起W. G.塞巴尔德（W. G. Sebald）[1]的话——人与动物隔着互不理解的鸿沟看待彼此。影片里的风景、来源于自然的细节和影片的配乐，都代表着卡斯帕尔从地窖一成不变的现实中逃离后进入的梦境世界。他说在地窖中他从未做梦。我想是因为除了地窖之外，他不知还有什么可梦。

这部电影经常被人与特吕弗（François Truffaut）的《野孩子》联系在一起，后者的背景设定在同一个世纪，讲的是一个来自森林、可能是被动物养大的男孩。一个心理学家试图“教化”他，但无法改变他的本质。卡斯帕尔同样也是研究对象，影片中有个教授用一个谜题来测试卡斯帕尔，说有两个村庄，一个住着无法说真话的人，另一个住着无法说谎的人。他问卡斯帕尔：“当你在通往这两个村庄的路上遇见一个人，若要判断他是从哪个村庄来的，必须问一个什么问题？”“我会问他是不是一只树蛙。”卡斯帕尔略带骄傲地回答道。

另外片中还有一位浮夸的英国纨绔子弟——斯坦诺普勋爵，他把卡斯帕尔作为自己的“门生”引见给大家，不料这位门生不喜欢在化装舞会上被展示给众人。然而，卡斯帕尔似乎很高兴在杂耍表演中展现自己，以便帮助村庄还清债务。表演中还有一位巴西长笛手，他相信如果自己停止演奏，村子就会灭亡。为了证明自己是巴西人，他开始用自己的母语说话，忘记了他刚刚的预言。

这部电影的德语片名翻译过来是《人人为自己，上帝反众人》，这似乎概括出了卡斯帕尔的想法。自他首次出现以来，这名囚徒的身世之谜就一直困扰着调查人员。他是不是某个王位的秘密继承者？或是某个富翁的私生子？我们瞥见过那个关押他然后放了他的人，这个人站在卡斯帕尔的身后，踢他的靴子强迫他走路。这个人是谁呢？没有说法。他也许是卡斯帕尔命运的化身。也许我们每个人身后都有一个踢我们的靴子的人。我们是可怜的凡人，却梦见我们能飞。

* 在 1975 年的戛纳电影节上，《卡斯帕尔·豪泽尔》获得了主竞赛单元评审团大奖、费比西国际影评人奖和天主教人道精神奖。

注释

[1] 温弗里德·塞巴尔德（1944—2001）：德国著名作家，著有《土星之环》《眩晕》等。——译注

《玻璃精灵》

2011年3月23日（1976年上映）

维尔纳·赫尔佐格的《玻璃精灵》描绘出一幅人类未来的荒凉景象。这部影片的背景完全设置在1800年左右德国巴伐利亚的一个村庄，它预见了接下来两个世纪的战争与灾祸，随着人性之光西沉，战争与灾祸还会一直延续到21世纪。影片中一家小型玻璃吹制工厂倒闭了，这个故事里有工业革命的兴衰、依赖手工制造业的群体的绝望和男女众生在失去目标时的迷惘。

这些事情没有一件是明说的。它们以牧人的预言的形式出现。牧人在宣讲的时候处于一种出神的状态，村民们都觉得他一定是疯了。他没有具体说明任何一件我们所知的发生过的事，但他的话有一种离奇的能力，会让人想到即将发生的事情。他的用词也许与人们描述核摧毁、暴政和生态灾难时相一致，也同样能形容集体对个人的支配——如果这个人无法用语言来形容眼前骇人的画面的话。

这是赫尔佐格作品中最少被观看却最负盛名的影片之一，它为人所知的原因是大部分演员在大多数戏中都被催眠了。看它的人很少，也许是因为它不对大多数人的胃口，似乎过于缓慢、阴暗和绝望了。影片里没有像样的故事，没有结局，最后一场戏是一则寓言，貌似跟前面的内容毫无关联。我想我们应该像对待一段音乐那样对待这部电影，根据情绪和氛围领会一切，即便说不上来它让我们产生什么想法，我们也能知道自己有什么感觉。

赫尔佐格的故事场景设定中，有两场戏是从山巅俯瞰大地。除此之外，影片完全在村庄中取景，包括几栋房子、一间啤酒屋、一间玻璃工厂，以及周围的森林。村民们赖以生存的方式是生产美丽而珍贵的玫瑰色玻璃器皿。玻璃制作大师穆尔贝克去世了，把制作玻璃器皿的奥秘带进了坟墓。为了重新找到制作方法，人们想尽办法，做了很多试验，但全都失败了。有理智的人也许会说："那好吧，工厂可以做些其他种类的玻璃啊。"可村子里的人都丧失了理智。

赫尔佐格确实在大多数戏里都催眠了他们，这不仅仅是宣传而已。他们在催眠状态下重复的对话有一种骇人的确定性。那些话缺乏生气和个性。被催眠的人就是这么说话的吗？未必。一般情况下他们说话的方式跟平常没什么区别。令人毛骨悚然的是，这让我想到，可能是赫尔佐格"催眠"了这些人，告诉他们该说什么，实际上我们听到的是赫尔佐格自己的声音，他在通过他们进行表演。

他去除了表演中所有的个性。他去除了所有的自我意识。这些并不是"人物"，尽管他们有着各不相同的特征。他们是因事业失败而被抽走了灵魂的人。他们无所事事，没有期待，也就不再有生存的意志。这使我想起纪录片《归途列车》里的中国工人，他们背井离乡，住在宿舍里，为了微薄的工资而打工，为了将钱寄回家养孩子。这是一种惨淡的生活，但也是一种有目标的生活，如果一年中有五十个星期的缺席让他们失去了孩子的爱，那么对他们来说，“玻璃的秘密”也就不复存在了。

这座人烟稀少的村庄有几个村民引人注目。比如希亚斯（约瑟夫·贝尔比奇［Josef Bierbichler］饰），他是做出预言的牧人。又如工厂的继承人、侏儒马屁精、肆无忌惮的女人、吹玻璃的工人。还有一对吵架的朋友，他们喝醉了酒，从高处的干草棚摔了下来，其中一人因给同伴充当缓冲垫而丧生。幸存者悲痛欲绝地与朋友的尸体共舞。他那恐怖的死亡之舞和其他很多场戏都发生在一间啤酒屋里，人们在那儿一边喝酒，一边瞪眼看。有一场很出名的戏，有个人用雕花大酒杯砸另一个人的头，但后者没有回应。随后，被砸的人把啤酒缓缓倒在前者头上，同样也没得到任何回应。

你能感觉到赫尔佐格在暗指什么。在现实世界里，不会有人无端用杯子砸别人的头，基于人的个性、当时的情境和他们讲过的话，总有一些理由。对于赫尔佐格想要达到的目的来说，这些都是多余的。他揭示的是两个人争吵的本质。他们不需要什么理由。他们丧失了理智和生活的目标，沦为受绝望和敌意支配的行尸走肉。

室内灯光昏暗，阴影环绕。波波尔·乌乐队的配乐似乎是来自炼狱中的旋律。影片缺乏惯常的对话，舍弃了一般的套路。这些人在肃穆地等待着……虚无。尽管一部分人觉得这部电影节奏太慢，有人还说自己看的时候睡过去了，但我认为令人生畏之处正在于它的虚无。它就像是在时间的边缘俯视一次令人眩晕的坠落。像很多杰出的“慢”电影一样，重看本片的时候，它似乎变快了。

我提到过两场山巅上的戏。它们分别在影片的开场和结尾。第一场里，有个人俯视着一片辽阔的山谷，云如同河流一般在山谷中奔流而过。在 1976 年，这些云不是用计算机生成图形（CGI）做的，赫尔佐格用传统特效将人和画面合在了一起。据我了解，他花了十二天的时间才等到那个镜头，效果令人久久不能忘怀。它唤起了我的一种感觉，人类站在时间之上，瞥见时间流向永恒的感觉。我从影评人尼尔·扬（Neil Young）那里得知，赫尔佐格"从 19 世纪德国艺术家那里受益匪浅，其中卡斯帕·大卫·弗里德里希（Caspar David Friedrich）[1] 的影响最为显著"。尼尔说这个镜头"重现了这位画家的名作《雾海上的旅人》(*Wanderer above the Sea of Fog*)"。

最后一场戏里，一个人在山顶眺望大海。赫尔佐格在其中穿插了山腰上海鸟的画面，鸟群在不安地飞行。旁白解释说，这个人断定海的另一边一定有些什么。人们被他的坚信不疑所震惊，于是出发横渡大海。陆地在他们身后消失，前方也并没有出现陆地，但他们仍异常坚决地划着一只可怜的小船前行。字幕告诉我们，海鸟跟随他们一起出海了，他们认为这是个好兆头。

这是什么意思呢？比起等待毁灭来临，还是主动划向它比较好吗？我不知道。有些影像不用转译成词句就已经是完整的了。《玻璃精灵》这部电影之所以吸引我，是因为它包含着这样的影像。眼看着世界坠入自我毁灭，我感受到忧郁被唤醒，这让我觉得自己的衰老是幸运的，因为这个星球上的大多数人可能无法像我这样一生都在享受幸福。在生命中的大部分时间里，我都是乐观看待世界的。

赫尔佐格让我神魂颠倒。我觉得《玻璃精灵》与他的其他任何一部作品都一样，都表达了从一开始便植根他内心深处的情感。有一次，他被问到如果生命只剩一天的话会做些什么。虽然这个问题没什么意义，但我很欣赏他的回答："马丁·路德说，如果他知道世界将在明日终结，他会种一棵树，而我会拍一部新的电影。"

注释

[1] 卡斯帕·大卫·弗里德里希（1774—1840）：德国早期浪漫主义风景画家。——译注

《史楚锡流浪记》

2002年7月7日（1977年上映）

除了维尔纳·赫尔佐格，还有谁会拍一部讲一个出狱的弱智囚犯、一个小老头和一个妓女，三人离开德国去威斯康星，在房车里开始新生活的电影呢？谁还会在启发了《惊魂记》的杀人犯艾德·盖恩的家乡拍这部电影呢？谁还会用当地人饰演全部当地角色呢？谁还会让一个警察对着无线电说“这有一辆卡车着火了，找不到关掉上山缆车的开关，也没法让跳舞的鸡停下来。叫一个电工过来”，用这个当电影的结尾呢？

《史楚锡流浪记》是史上最古怪的电影之一。观众连一个镜头或一处情节发展都无法预测。我们有点入迷地看着，因为赫尔佐格摆脱了叙事的束缚，跟随他的人物们经历奇遇中的残酷逻辑。另外还有布鲁诺·S. 的表演，有着令人难忘的冲击力，他每时每刻都在饰演自己。

布鲁诺·S. 的个人经历构成了影片精神层面的背景。布鲁诺是妓女的儿子，被殴打得一度耳聋。他从三岁到二十六岁都在一所精神病院度过——然而在赫尔佐格看来，他并没有精神病，更多的是生活的打击和冷漠把他塑造成了一个极度专注、视野狭窄和社交技能匮乏的人。他看起来像是很久以来都在等待着最坏的情况发生。

赫尔佐格与维姆·文德斯（Wim Wenders）、赖纳·维尔纳·法斯宾德一起于20世纪60年代晚期和20世纪70年代发起了新德国电影运动，他在一部讲街头艺人的纪录片里看到了布鲁诺。赫尔佐格让布鲁诺主演了一部不同寻常的电影《人人为自己，上帝反众人》，也叫《卡斯帕尔·豪泽尔之谜》。影片讲述了18世纪时，有个人成年前一直被关在地窖里，然后他被带到街上释放，试图理解这个世界。布鲁诺演这个角色合适得不可思议，对《史楚锡流浪记》来说也是如此，赫尔佐格只用了四天的时间就写成了后面这部影片。

不过剧本写得快是有原因的，赫尔佐格心里已有拍摄地。他和美国纪录片导演埃罗尔·莫里斯对艾德·盖恩的故事着迷已久，盖恩曾把围绕母亲坟墓一圈的尸体都挖了出来。那他也把母亲的尸体挖出来了吗？他们决定要掘开坟墓亲自看看。在芝加哥琢面电影中心和明尼阿波利斯沃克艺术中心致敬放映的问答环节中，赫尔佐格给我讲了这个故事：莫里斯没有按时出现在威斯康星的普莱恩菲尔德，坟墓从未被掘开，但赫尔佐格的车在那里抛了锚，他遇见了一名修理工，他的店为影片提供了关键的场所和人物。

脑海中有了目的地的赫尔佐格发现故事自己水到渠成了。影片开场，布鲁诺（布鲁诺·S.饰）从监狱释放，走进一家酒吧，见到了埃娃（埃娃·马特斯［Eva Mattes］饰）——一个受皮条客虐待的妓女。他让她躲在自己的公寓里，这里由瘦小的老人沙伊茨先生（克莱门斯·沙伊茨饰）照看。沙伊茨先生宣称他在威斯康星州雷尔罗德弗拉特斯的侄子邀请他搬过去。布鲁诺宣布，到他们都开始新生活的时候了。埃娃靠出卖肉体筹到了钱（她的客人是工地上的土耳其工人），他们三个到了威斯康星，拥有了一辆崭新气派的、四十英尺长的 1973 款弗利特伍德牌移动房屋。

这种情节概括听起来平淡无奇，影片的氛围却非常奇怪。《史楚锡流浪记》不是一出喜剧，但我不知道应该如何形容它，或许可以把它称为一部奇特的影片。我们能感觉到一些细节是赫尔佐格当场想出来的：就像雷尔罗德弗拉特斯发生的事情成了角色的经历一样，它们也同样构成了电影的情节。沙伊茨先生的侄子由克莱顿·萨尔平斯基（Clayton Szalpinski）饰演，他就是那个给赫尔佐格修车的技师，这位侄子绘声绘色地给新来者讲起了当地的奇闻轶事。一个农夫和他的大拖拉机失踪了，克莱顿相信能在当地众多湖泊中的某个湖底找到他们。他有一个金属探测器，当冰足够厚的时候他就会去搜寻。

布鲁诺确信恬静的生活不会一直持续下去。他确信在银行签的那些文件早晚会让他们还款，他是对的。斯科特·麦凯恩（Scott McKain）饰演了一名很有礼貌但又显得不自在的银行职员，他试图解释电视机“也许会 / 将会”被收回（他经常同时使用两个词来让它们都弱化，麦凯恩完美地把握住了一个人提钱时很尴尬的语调）。最终出现了一幅令人难忘的画面：弗利特伍德移动房屋从那块地上被拖走，留下布鲁诺凝望着威斯康星冬日肃杀的景色。他知道会发生这样的事。

大多数美国电影的问题在于，这些影片中的演员看起来就像是那种会被雇来出演电影的人。他们不一定英俊潇洒，但是必须像样——他们的仪表要在一定的标准范围内。如果长得太奇怪的话，那他们怎么找得到稳定的工作呢？赫尔佐格通常用非职业演员来摆脱这样的束缚。拿克莱顿·萨尔平斯基举例，他上牙完全包住了下牙，又有乡下口音，但他很适合这个角色，没有任何职业演员能把一个小镇汽车修理工演得更好。而且布鲁诺简直无与伦比。赫尔佐格说，有时为了入戏，布鲁诺会叫喊一两个小时。他表演时似乎始终全身心投入：不保留任何东西，没有思绪在别的地方。他表现出了一种几乎令人烦躁的真挚，你能意识到在布鲁诺的身体里谎言无处立足。

在很多电影的最后，绝望的人物们会转向犯罪。但没有电影像《史楚锡流浪记》这样结尾。布鲁诺和沙伊茨先生拿了把来复枪去抢银行，银行关了，于是他们抢了隔壁的理发店，抢来了三十二美元，然后两人任由车继续开，径直过街走进一家超市，布鲁诺刚拿了一只冻火鸡后，警察就逮捕了沙伊茨先生。接着布鲁诺开车到了附近一家电子游戏厅，投入硬币看鸡跳舞和弹钢琴。随后他坐上了上山缆车，转了一圈又一圈。

赫尔佐格在DVD的评论音轨里说，最后这一段差不多是他拍过的最好终场。他的剧组成员非常讨厌那只跳舞的鸡，他们拒绝参与，于是他亲自掌镜。他说这只鸡是一个“绝佳的隐喻”——隐喻的是什么，他不确定。我的理解是：一股我们无法理解的力量把钱放入投币口，于是我们开始跳舞，直到这钱用光为止。

有评论说《史楚锡流浪记》是在攻击美国社会，但其实片中的德国社会看起来更糟，所有的美国人看起来都很天真、单纯和善良，甚至是那名银行职员。片中悲剧的展开是因为这三个人彼此没有共同点，也没有相信他们能共同生活在威斯康星或任何地方的理由。埃娃和布鲁诺睡过一段时间，但随后把他拒之门外。在一场引人注目的戏里，他给她看了一个扭曲的雕像，然后用第三人称说："这是布鲁诺内心的缩影。他们把所有门都关上了。"

影片前面，在柏林弄丢了工作和他的女朋友之后，布鲁诺去找一名医生求助。这个人（瓦茨拉夫·沃伊塔［Vaclav Vojta］饰）仔细倾听，很同情他，但没有提供答案。他带布鲁诺来到一间照料早产婴儿的病房里。"看，"他说，"这抓握反射是多么有力啊，即使是这个小小的婴儿。"一个孩子紧紧抓住医生的大拇指不放，布鲁诺看着。从他的脸上我们从来看不出他在想什么。那个婴儿哭了，医生轻柔地把他抱在怀里，亲吻他的耳朵，他就睡着了。这，也许就是布鲁诺需要的。

《诺斯费拉图：夜晚的幽灵》

2011年11月24日（1979年上映）

在维尔纳·赫尔佐格的电影《诺斯费拉图：夜晚的幽灵》里，彩色摄影有一种渗入骨髓的质感。用“饱满”（saturated）来形容是不够的，它是丰富、沉重而深邃的：大地看起来冰冷肮脏，植被不多，湿漉漉的；山峦嶙峋，灰暗，棱角尖锐；室内充斥着醒目的红色、棕色和白色——尤其是白色，用在脸庞上，特别是德古拉伯爵的脸庞。这部电影有着非凡的美，但是毫无讨好或者在视觉上迁就我们的意思。步行和乘马车去往德古拉遥远的特兰西瓦尼亚城堡的路途是一段壮观的旅程，但赫尔佐格故意把它拍得不那么风景宜人。

赫尔佐格对自然的描绘里常有令人恐惧和敬畏的地方。与其说是振奋人心，倒不如说是冷酷无情。云压得很低，如水般流转。山峰悚然伫立，阴影透露着恐怖。旅途中乔纳森·哈克遇到的头脑简单的农民既不有趣也不友善，而是对他敬而远之。赫尔佐格并不急于让我们一睹德古拉真容；在那些人听到男主角在寻找伯爵后难以置信的言辞和眼神中，他亮相的舞台已经搭建好了。

赫尔佐格遵循着 F. W. 茂瑙的名作《诺斯费拉图》的结构，这部电影是最伟大的默片之一，改编自布莱姆·斯托克（Bram Stoker）1897 年的小说《德古拉》（*Dracula*）。茂瑙因为版权问题改了角色的名字，而赫尔佐格可以任意使用原名：德古拉（克劳斯·金斯基饰）、房地产商乔纳森·哈克（布鲁诺·甘茨饰）和他的妻子露西（伊莎贝尔·阿佳妮［Isabelle Adjani］饰）、范海尔辛医生（瓦尔特·拉登加斯特［Walter Ladengast］饰），还有笑声癫狂的雷菲尔德（罗兰·托波尔［Roland Topor］饰）。

影片开场，雷菲尔德提出给哈克一大笔佣金，让他去德古拉的城堡，把镇上一处偏僻的房产卖给德古拉。哈克想要这笔钱，他想给妻子换一栋更好的房子。雷菲尔德痉挛般的诡异笑声并没有让他退却。相比其他很多基于这个著名故事改编的电影，本片中哈克的这段旅程耗时要长得多。影片中有一场气氛不祥的戏：哈克在小旅馆里提到德古拉的名字，整个房间都安静了，大家只是盯着他看。在德古拉登场前，赫尔佐格不慌不忙地逐步构建起观众对他的期待。

没有马车愿意载哈克去城堡，没有人愿意卖或租给他一匹马。哈克继续步行，走在险峻深谷上方的狭窄小路上。终于，德古拉的马车出现，接上了他。这驾马车看起来就像灵车（其实就是灵车）。城堡大门嘎吱一声打开，我们看到了德古拉。在塑造吸血鬼时，赫尔佐格延续了茂瑙电影中具有冲击力的美术设计，让伯爵看上去更像动物而不是人。他可不是汤姆·克鲁斯演的那种英俊、光鲜的吸血鬼。他的头发剃光了，面孔和头颅像小丑一样惨白，指甲如矛一般，耳朵尖得像蝙蝠，眼窝深陷，眼眶是黑红的。最特别的是位于嘴中央的两颗显眼的尖牙，就像蝙蝠的那样，丝毫不加掩饰。在大多数电影里，德古拉的牙靠上一些且分居两侧，更容易隐藏，这里放中间可不容忽视。

影片致敬了茂瑙原作中的许多有名的细节：那句“听，夜之子在奏乐了”的台词；当哈克被面包刀割伤大拇指的时候，伯爵几乎无法抑制自己的欲望；没有仆人侍奉，晚餐就会神秘地出现在他面前；还有德古拉走海路、哈克走陆路，争相赶回不来梅市——露西遇到危险之地。

赫尔佐格是一位最具原创性的电影导演，不太喜欢翻拍。他仅有的两部翻拍电影中的另一部是《坏中尉》，不过与原版大相径庭，只有堕落警察这点被保留下来。为什么他会想要翻拍这部最著名的经久不衰的德国默片呢？

我想部分原因是热爱——对茂瑙及茂瑙前作的热爱，茂瑙的这部电影与赫尔佐格自己一些作品里那种毛骨悚然的气质相契合。还有一部分原因是致敬。我怀疑最主要还是因为他有克劳斯·金斯基。第一次见到金斯基时，他还是个小男孩，那时他与这个眼神锐利的演员住在同一栋楼里。赫尔佐格告诉我：“那一刻我就知道，我的命运是要拍电影，导金斯基演的电影。”二人发展出了一种近乎共生的关系，这种关系导致他们彼此有时会以死相逼，也成就了诸如《阿基尔，上帝的愤怒》和《陆上行舟》这样的非凡作品。在所有演员里，金斯基在塑造执着和疯狂的人物时是最容易的。

说一个人“天生就适合扮演吸血鬼”是一种奇怪的赞美，但如果你去比较两个版本的《诺斯费拉图》，也许就会同意我的观点，只有金斯基的表演才能比肩或超越马克斯·施雷克（Max

Schreck)。赫尔佐格选了法国美人伊莎贝尔·阿佳妮与金斯基演对手戏，不仅是因为她无懈可击的面容，还在于她身上不同寻常的气质，她仿佛存在于超越俗世的空灵之境。扮演普通女人对阿佳妮来说并不容易。她的皮肤看起来总是异常白皙和光滑，如瓷器一般。在片中她扮演的是德古拉尖牙下的纯洁无瑕之物。

选角的另一处神来之笔是饰演不来梅房地产商的罗兰·托波尔。托波尔演过不少戏，但他的主要身份是作家和艺术家，他和《鼹鼠》的导演亚历杭德罗·佐杜洛夫斯基（Alejandro Jodorowsky）共同发起了恐慌运动（Panic Movement）[1]。赫尔佐格回忆说，他看过一个无关紧要的德国电视节目，节目中托波尔诡异又尖厉的笑声似乎传递出十足的癫狂感。在本片中，这种笑声旨在表明他与德古拉之间关系的病态本质。

不能把《诺斯费拉图：夜晚的幽灵》局限在“恐怖片”这个类别里。它讲的是恐惧本身，以及不加防备的人坠入邪恶会有多么容易。布鲁诺·甘茨出色地塑造了哈克这个角色，因为他顶住了成为英雄人物的诱惑，扮演了一个尽心尽力的丈夫，天真地无视骇人的警告。他充满爱意，而后下定决心，接着变得迟疑，随后恐惧，继而绝望，最终走向疯狂——走向迷失。

尽管我不觉得本片有特别多的预算，但里面的历史细节看起来都真实可信。赫尔佐格为了搜寻摄人心魄的画面跑了很多地方：影片开场的木乃伊来自墨西哥，山峦是欧洲中部的喀尔巴阡山脉，城堡和遗迹在捷克、斯洛伐克和德国境内，此外我认为有运河的城市是在荷兰拍的。

不过，赫尔佐格告诉我，有一些镜头被安排在了与茂瑙前作相同的地点拍摄，而且构图也多有相似之处。有一次，我问他：为什么要带着团队远赴南美的热带雨林拍摄《阿基尔，上帝的愤怒》和《陆上行舟》？他说因为他相信“实景的魔力”。距离城市只有四十英里（约六十四千米）的热带雨林会让人感觉不对劲。如果演员们知道自己真的身陷荒野，他们将会释放出一种不同的能量。我们也会感觉到这种不同。我想，本着同样的精神，如果金斯基站在茂瑙的男主角马克斯·施雷克站过的地方，他也会产生一种能量。这部影片将会笼罩着茂瑙前作的气息。

我不知道金斯基自己是否觉得这就是他命中注定的角色。他的喜怒无常人尽皆知，他的情绪一触即发，可是他也能忍受每天长达四小时的化妆，还毫无怨言。每天早上还需要重新装上前一天卸妆时不得已毁掉的蝙蝠耳朵。他似乎很敬畏施雷克的表演，他想进入角色，让角色成为自己的一部分。

美是这部电影的显著特质。赫尔佐格对画面之美的眼光往往不会得到应有的赞美。他的电影总是被主题抢了风头。我们的注意力在发生的事情上，片中也几乎没有追求美丽画面的镜头。看看他对色彩选择的控制、他的不平衡构图和戏剧性的明暗对比。这是一部尊重吸血鬼题材严肃性的电影。不，我不相信真有什么吸血鬼，但他们如果真的存在，一定是本片中这样的。

注 释

[1] 专注于混乱和超现实的表演艺术，以回应成为主流的超现实主义。——译注

《陆上行舟》

2005年8月28日（1982年上映）

维尔纳·赫尔佐格的《陆上行舟》是电影的一大奇观，同时也是一大荒唐之作。缺了其中一个，另一个也不可能实现。这部电影讲的是一个热爱歌剧的疯子，决心将一艘船经由陆地从一个河流系统拖到另一个河流系统里。拍这部电影时，赫尔佐格决定真的这样去做，启发他的故事原型——爱尔兰人布莱恩·斯威尼·菲茨杰拉德可没做到这种程度。

《陆上行舟》属于那种无畏的、史诗般的电影，就像《现代启示录》和《2001太空漫游》一样，在这些影片里我们始终能觉察到电影本身和电影的拍摄过程。丛林里，重达三百六十吨的船被拉上四十度的泥泞陡坡，对于这样的戏，赫尔佐格本可以运用特效，但是他相信我们能够看出不同："这可不是一条塑料船。"看着这部电影，看着身穿白西装、头上耷拉着巴拿马大檐帽的菲茨卡拉多（克劳斯·金斯基饰）在丛林里咆哮，看着印第安人操纵滑轮系统把船拽出淤泥，我们被这一切都真正发生了的事实打动，被这艘巨大的船正缓慢地在陆地上移动打动——与此同时，菲茨卡拉多（他因当地人发不出"菲茨杰拉德”的音而得名）那带着沙沙杂音的卡鲁索老唱片为丛林吟唱着。

《电影梦》讲述了拍摄《陆上行舟》的幕后故事，这是一部来自莱斯·布兰克和莫琳·戈斯林的纪录片，他们和赫尔佐格及其反叛的剧组，还有那位古怪的主角在丛林里共处过一段时间。你看过这部赫尔佐格的电影和《电影梦》之后就会知道，显然每个与影片有牵连的人都被这段经历烙下了印记，或者说留下了创伤；在《电影梦》里，赫尔佐格在一段慷慨激昂的讲话中痛斥丛林“邪恶又卑劣”，还说，“这是上帝——如果他存在的话——在愤怒时创造的一片土地”。

《陆上行舟》在疯狂的氛围中开场，并将这一氛围保持了下去。从亚马孙河漆黑的空旷里划来一只船，马达熄火了，一头乱发的金斯基在船头全力以赴地划着，他的情妇（克劳迪娅·卡汀娜饰）在他身后焦虑地看着。他们看歌剧迟到了。他靠一台制冰机挣了些钱；她是一所妓院的鸨母，为富裕的橡胶商人服务。在他们为了进入歌剧院而努力说服工作人员的时候，菲茨卡拉多明白了他的毕生使命：他要变得富有，在丛林中建造一座歌剧院，请卡鲁索来这里演唱。

这片区域的财富依赖于橡胶。他取得了四百平方英里土地的所有权，这片土地被认为是毫无价值的，因为足以致命的急流让船只无法抵达那里。但如果他能够从另一条河带一艘船过去，他的梦想就会成真。现实中的菲茨杰拉德只在两河之间运送了一艘三十二吨的船，而且他把船先拆了。听了这个故事，赫尔佐格被一艘船沿着山坡向上移动的画面打动，余下的剧本就随之而来了。

他的拍摄过程可以被描述成一系列的突发事件。秘鲁和厄瓜多尔之间的一场边界之争让他无法使用最初的选址。他找了另外一个地方，拍了四个月，选贾森·罗巴兹饰演菲茨卡拉多，米克·贾格尔饰演他疯癫的跟班。随后罗巴兹感染了阿米巴痢疾飞回家去了，他的医生禁止他再回来，贾格尔也退出了。赫尔佐格求助于克劳斯·金斯基，这个传奇的狂野分子已经出演了他的《阿基尔，上帝的愤怒》和《诺斯费拉图》。相比于罗巴兹，金斯基是这个角色的更佳选择，这与真船比模型更好是同样的原因：罗巴兹是可以演一个疯子，但看到金斯基则意味着会因他强烈的愤怒和心魔而感到信服。

相比于故事，赫尔佐格总是对画面更加着迷，这部影片里他把他的画面烙入了电影。他与亚马孙流域的当地印第安人合作，他们的面孔成了作品的重要元素之一。在影片开头的一场戏里，菲茨卡拉多从睡梦中醒来，发现他的床被孩子们围绕着。另一场戏里，印第安人面无表情地凝视着河流，甚至都没注意到菲茨卡拉多正一边在一队人前来回走动，一边狂热地盯着他们的脸。还有一场戏里，他正和船员们吃晚餐，此时印第安人涌进餐厅，注视着他们。还有那些只有面孔的戏，那些面孔警惕地判断着，试图猜测是什么在驱动着这个穿白西装的男人。

赫尔佐格承认，他本可以在厄瓜多尔首都基多城外一两天路程的地方拍完整部电影。然而他却选择在雨林中拍摄，离周边最近的大城市有五百英里远。这让一些镜头成为可能，比如菲茨卡拉多和船长站在最高树木的顶端平台上，察看围绕他们的广袤大地。他曾提到过“实景的魔力”，这促使他跑到茂瑙拍摄 1922 年默片版《诺斯费拉图》的同一个地点，去拍摄自己的《诺斯费拉图》的一部分。他觉得丛林实景会“激发出演员们乃至剧组不寻常的气质”。丛林的力量比他想象的还要更加强大，在他挣扎着拍这部电影的第四个年头，已精疲力竭，他说：“我的幻想耗尽了。我不知道现在还能发生什么。即使我把船弄过这座山，这星球上也没人能说服我为此感到快乐，到死也不会。”

《电影梦》讲述了森林里射来的箭，讲了向着山下滑回去的船，还讲了一位巴西工程师，他告诉赫尔佐格缆绳有百分之七十的概率会绷断，数十人将会失去生命，之后就辞职并离开了。在评论音轨里，我们得知更多令人惊骇的细节。一名剧组成员被一条致命的毒蛇咬伤了，他立即用手中的链锯切断自己的脚，保住了性命。赫尔佐格把《电影梦》未收录的一条片段用在了他的作品《我的魔鬼》中，后面这部纪录片讲述了他与金斯基势如水火的关系，在这个片段里，我们看到那位演员在拍摄现场暴怒。《电影梦》里有一个画面可以代表整个拍摄过程：赫尔佐格在及膝深的泥淖中跋涉，他得拔出整条腿，才能再走下一步。

这部电影不是完美的，但却是超凡的；这个故事既然要在这个地方、以这种方式拍摄，就不可能做到完美无缺、不留瑕疵。比如说，影片结尾，那场抽雪茄的戏，略显平淡；不过话说回来，在把那艘船运上山之后，接下来的一切都必然是平淡的。至关重要的是，赫尔佐格没有匆忙推进故事；他寻求的不是情节的发展，而是画面产生的共鸣。想想这样一组镜头：船真的在死亡急流（Pongo das Mortes）里一路颠簸、撞击。换另一位导演，或许会用快速剪辑和大量的噪声把它拍成常规的动作场面；而赫尔佐格把它拍成了一场缓慢又骇人的行进，在一艘真实船只上，沿着真实的水流，留声机放着卡鲁索，直到唱针被撞松了。眼看一艘巨大的船慢慢漂向命运，这样看起来更加可怕。

在过去四十年的导演中，还有哪位的职业生涯比维尔纳·赫尔佐格更充满激情、更勇于冒险的吗？大多数人只看过几部他的电影，或者一部也没看过；如果对他的多部纪录片和更多小众故事片（例如《玻璃精灵》和《史楚锡流浪记》）不熟悉的话，是无法充分欣赏他的。他 2005 年的纪录片《灰熊人》讲述了一个在阿拉斯加与灰熊共度了十三个夏天的人，这部影片和《陆上行舟》是精神上的兄弟——两次都是人被执念驱使着挑战蛮荒之地。在拍摄于非洲、澳大利亚、东南亚和南美洲的电影里，他一次又一次地被地球上最远的地方吸引，被在那里生活的人们吸引，他们拥有还没被大众媒体这锅稀粥所侵染的画面。

“我不想生活在没有狮子也没有狮一般人类的世界里。”他在《电影梦》里说。在《陆上行舟》的至暗时刻，罗巴兹得了病，赫尔佐格不得不舍弃四个月的拍摄成果，回来向投资人寻求更多的资助。他们已经听说赫尔佐格当时发现把船拉上山是不可能的，于是问他是不是接受损失放弃拍摄会比较明智。他回答：“你们怎么能问我这样的问题？如果我放弃这个项目，我将会是一个没有梦想的人，我不想那样活着。我与这个项目共存亡。”对于赫尔佐格，情况往往如此。

第五部分　总　结

致维尔纳·赫尔佐格的一封信
——赞美“狂喜的真相”

2007年11月17日

亲爱的维尔纳：

你把你的新片《在世界尽头相遇》题献给我，这是一份惊人的荣誉。自从我们初次相遇，近四十年来，我一直非常欣赏你的作品，因此，这份厚意对我意味着什么已无须多言。当我在多伦多电影节上看到这部电影并且写信感谢你的时候，我说怕由我来评论这部电影会存在利益冲突，尽管毋庸置疑你拍了一部我不可能不喜欢的电影。我说我认为解决的方式也许是简单地给你写一封信。

不过我会给这部电影写影评的，我的朋友，当它在探索频道播放之前，进入影院上映的时候。我会写的，我要反对任何说我的赞美有误的人。

我会写是因为我爱伟大的电影，并且一定要分享我的热情。

这不是那篇影评，这是那封信。这封信的收信人的生活和事业都体现着一种电影视野，它挑战影迷们，促使他们不仅要问自己关于电影的问题，也要问自己关于生活的问题——关于他们自己的生活，你电影里人们的生活，还有你自己的生活。

从来不曾出于纯商业原因拍过一部电影，不曾有可靠的资金来源，没有来自能左右拍摄和放映什么的制片厂和影业寡头的关注，你已经执导了至少五十五部电影或电视作品，这还没算上歌剧。你每时每刻都在工作，因为你靠的是你的想象力，而不是预算、明星或宣传活动。你心中有图景，拍了电影，相信人们能够从中找到它，他们也确实找到了。可以肯定地说，你是所有在世的电影导演中最受人欣赏和敬仰的——当然，这是对于那些听说过你的人而言的。有些人不知道你的作品，也不知道你在独立电影界的同行们的作品，他们都正在与可能震撼和激励自己的经历擦身而过。

我没有看完你所有的电影，也没有完美的记忆力，但我确定你从来没有拍过一部依赖于性、暴力或追逐戏的电影。哦，在《黑暗之课》里有暴力性场面，拍的是燃烧的科威特油田，在《灰熊人》或《重见天日》里也有，但它们并非“娱乐性暴力”。《侏儒流氓》里算是有追逐戏，但这部影片没有任何浪漫情节。

我猜想你避免这些内容是因为它们太容易陷入套路了，而你希望每部电影都是绝对原创的。

你也避免了所有的“必备场景”（obligatory scene），包括矫揉造作的美满结局。你还不用特效（每个人都知道《陆上行舟》里使用的是真船，但甚至《诺斯费拉图》里那一群群老鼠都是真的，《纳粹制造》里的大力士实际上真的能举起重物）。你不用那种告诉我们该对影片内容有怎样感受的配乐，而是偏爱能唤起一种情绪的独立的音乐：你用古典音乐、歌剧、清唱剧、安魂曲、土著音乐、大海的声音、鸟的叫声，当然还有波波尔·乌的作品。

所有这些决定都源于你的信念，即观众必须能够相信自己所看到的——不是“真理”，而是实际所是，是那狂喜的真相。

你经常说这个现代世界渴求影像。说媒体一次又一次地把同样毫无价值的想法灌输到我们的脑海里，我们需要看到边缘上或极限外的东西。《在世界尽头相遇》开场，你跟随南极浮冰下的海洋生物学家，聆听在那里繁衍生息的生物发出的怪异声音，此时，你向我展示了我的星球上一个我不知道的地方，我变得更富足了。你是最富好奇心的人。你就像古时讲故事的人，带着迷人的故事从遥远的国度归来。

我记得在特柳赖德电影节上——十年或十二年前了——你告诉我你带了自己最新纪录片的录像。我们在酒店的房间里找到一台电视机，然后我看了《来自深处的钟声》，在这部电影里你在俄罗斯漫步，观察奇特的信仰。

有一些人住在一个深水湖附近，他们相信在湖底有一座天使居住的城市。为了看到它，他们必须等到冬天，那时湖水清澈透明，然后他们就张开四肢匍匐到冰面上。如果冰太厚的话，他们就看不清楚；太薄的话，他们又可能淹死。当他们盯着眼前的景象看时，我们听到冰面在他们身下嘎吱作响。

我们还看到一个扮得像拉斯普京（Grigori Rasputin）[1]的教士。随后你发现那里有数百名“拉斯普京”，其中一些自称耶稣基督，带着他们的预言和警示步行横跨俄罗斯。这些人及其表现出来的高度专注，还有感觉像是来自另一个世界的音乐（你的配乐总是那样），让我深深入迷。我们聊了一阵这部电影，然后你说：“但你知道吗，罗杰，一切都是虚构的。”我不明白，你又说，“这不是真的，是我编造的。”

我不知道是否该相信你讲你自己电影的话。但我知道你说的是“狂喜的真相”，一种超越单纯事实的真相，这种真相记录的不是现实生活，而是我们梦中的世界。

你的纪录片《小小迪特想要飞》由一个真实的人开场，迪特·丹格勒，他真的曾是越共囚犯，真的穿越丛林逃了出来，并且他是唯一一个逃脱越共战俘营重获自由的美国人。电影开始时，我们看到他进入自己的房子，控制不住地开关窗户和门，以确保自己没被锁在里面。“那是我的主意，”你告诉我，“迪特实际上并不这样做。但这与他的感受相符。”

在你的作品里，真实和虚构之间的界线是一片海市蜃楼。

有些纪录片里包含着虚构，有些故事片里包含着事实。是的，《陆上行舟》里你确实把一艘船拉上了山坡，即使任何其他导演都会使用模型或特效。你在亚马孙的雨林中央，组织好绳索、滑轮和工人，把船拉进了丛林。后来，当船看起来被困在急流中险些撞毁时，它真的就是身在那样的处境。这发生在一部虚构的电影里。你说，观众会知道这些镜头是不是真的，这将影响他们对这部电影的看法。

我明白这一点。什么东西必须是真的，那就必须得是真的。什么东西不可能是真的，也可以通过创造变得更加真实。你的电影，一帧接一帧，包含着一种超越现实世俗的狂喜真相。但当你发现一些真实的东西时，你也会将之表现出来。

蒂莫西·特雷德韦尔在阿拉斯加与野熊一起度过夏天并拍摄了一些录像，你基于这些录像拍了《灰熊人》。在南极，在《在世界尽头相遇》中，你对谈的是一些选择在那儿的一座研究站生活的真实的人。你指出，有些人是“在一个没有语言的大陆上的语言学家”，还有人是“做厨师的博士”。当一位海洋生物学家在冰上凿了一个洞并潜入水下时，头顶是无边无际的冰盖，他却不用可以指引自己回到逃生小洞的安全绳，因为这会限制他的研究。他只是希望当他上来的时候能找到那个洞。这都是真的，但也是狂喜的真相。

在你职业生涯的一部部作品里，你从未失去过幽默感。你的纪录片最吸引人的是你的旁白，你的故事片最吸引人的是你对人性的好奇。在一场戏中，你可以预见到地球上生命的终结，在另一场戏中，你让我们看到乡村音乐家在南极棚屋的屋顶上弹吉他和班卓琴。你一开始就向我们保证，你去南极洲不是为了拍摄可爱的企鹅。

但你确实拍了一只可爱的企鹅，一只迷失方向的企鹅，它坚定地走在完全错误的方向上——走到了得克萨斯州那么大的冰原上。“如果你把它转到正确的方向，”你说，“它就会掉头，继续往错误的方向走，直到饿死。”要不是那只企鹅如此确信自己是对的，看到它乐观地摇摇晃晃地走向末日会令人心碎的。

但我已经开始像那只企鹅一样偏离方向了，我的朋友。

我写这封信一开始是要赞美你的作品，结果却描述了起来。或许二者是同一件事。你和你的作品是独一无二的、无价的，在那么多人都使电影蒙羞的时候，你却光耀其名。你有胆魄相信只要拍的是你感兴趣的事，我们也会同样感兴趣。你已证明了这一点。

怀着敬慕之心

罗杰·伊伯特

注 释

[1] 格里戈里·拉斯普京（约1864—1916）：尼古拉二世时期俄罗斯帝国神父。——编注

赫尔佐格与疯狂的形式

2008年7月20日

这周我本打算写点别的东西，但我们博客的新软件平台出了点问题（你可能已经觉察到了），同时，我收到了一封关于维尔纳·赫尔佐格的有趣来信，写信的这名读者是艺术评论家丹尼尔·奎尔斯（Daniel Quiles）。没错，最近网站上是有很多关于赫尔佐格的内容，但在我看来再多都是不够的。他和其他几个导演的电影总是能强烈地触动我。并不是每部电影都需要强烈地触动观众，但若不是有几部如此，对电影的兴奋感就会消失。

赫尔佐格似乎对他想拍的电影主题反应很强烈。你从来没有听他说过有人“给我带来了一个项目”，或者他的经纪人给他送来一个剧本。从某种意义上说，他的每一部电影都是自传式的：它讲述的是那时他在沉迷什么。电影的形式可能是虚构，可能是纪实，也可能是二者混合。素材决定了形式，而他在电影中的存在往往决定了素材：如果他不在，也就不会有素材。某种程度上，这就是奎尔斯写《在世界尽头相遇》时讲到的。

奎尔斯写道：

首先，从来不曾有别的导演会把一次暴风雪安全演习变成人类从这星球上灭绝的寓言。这是对纪录片形式炉火纯青的驾驭。

另外两个让我感兴趣的点：一个是语言的主题；一个是赫尔佐格对麦克默多站的日工们偶尔不屑一顾的处理手法。即使是在南极洲，无论是在人类还是动物中间，都依然存在着各种各样的语言，对此，虽然这部电影有着末世氛围，但它同样是非常乐观的。虽然我们遇到的科学用语必须经过翻译才能被理解，但对于它们认识宇宙并将宇宙“带入其壮丽之中”（正如保加利亚拖拉机司机在电影结束时所说的那样）的不同方式，赫尔佐格尽最大努力公平对待。语言——推动了一切“相遇”，并将宇宙的无意义变得有意义——就是生命力，与我们持续着的消亡抗争。

因此，赫尔佐格对一位声称并不在乎某种语言已经消亡的前语言学家感到愤怒（尽管这一消亡毁了他的职业生涯，并让他来到了一个荒无人烟的地方，所以或许他确实不在乎）。此时，在一个简短的片段中，这部电影变得相当不赫尔佐格。这个人是赫尔佐格禁止其为自己说话的两个角色之一，赫尔佐格用了一个有趣而滑稽的技巧，用画外音打断了他们。在我看来，这与赫尔佐格近来的电影相矛盾，在那些作品中，特雷德韦尔式的角色得以成为焦点，被准许尽情地发声。在《相遇》里，被理想化的是熟练掌握自己语言的大师（科学家们），而麦克默多站的职业冒险家，拿着高薪在悲惨条件下工作，为今年余下时间里的环球旅行攒钱，他们是无聊而虚伪的，类似那个满世界跑，忙着打破吉尼斯世界纪录的小丑。

引人注目的是，赫尔佐格哀叹冒险在一个多世纪前就已终结，这些人从未明白这一点。《灰熊人》里的特雷德韦尔也没有，但他足够疯狂，将自己置于险境，还把当时的情况拍摄了下来（就像我们亲爱的导演一样）。如今看来，特雷德韦尔和《白钻石》中的格雷厄姆·多林顿是赫尔佐格的两极——疯狂的边缘人和疯狂的科学家，而他们之间的那些人看来都不够有趣。在《相遇》中，我感觉到赫尔佐格就像从前的大师们一样，偏爱多林顿那一面、科学家那一面、工艺与高超技能那一面。

引用结束，现在是伊伯特了。关于赫尔佐格对中间地带不感兴趣，奎尔斯说得对。而“疯狂的边缘人和疯狂的科学家”是否代表了他作品的两个极端，这是一个值得商榷的问题：他们到底是不是疯了呢?《卡斯帕尔·豪泽尔》和《史楚锡流浪记》里的布鲁诺·S.显然在某种程度上患有精神疾病，或者说因孩提时的伤害而残缺不全。克劳斯·金斯基有时表现得疯疯癫癫，但我感觉他像狐狸一样狡猾，利用他的名声来达到目的。对他来说，在《诺斯费拉图：夜晚的幽灵》中当主角不是一件困难的事。不过在大多数情况下，赫尔佐格打交道的都是活在极端中的正常人。他们具备逻辑思维，他对他们在逻辑思维的驱使下做出的选择非常着迷。

奎尔斯提到了《白钻石》，这部电影讲述了一个人设计了一艘飞艇，研究栖息在亚马孙雨林树梢上，与地面没有接触的未知生态系统。当你看到多林顿那艘泪滴形的飞艇，了解它安全方面的历史时，你可能会把他归入边缘人里；但当他谈到人类从未见过的无数物种时，你又可以把他放回到科学家群体中。那赫尔佐格自己呢？在飞艇的处女航上，他坚持自己操作摄影机，原因是：（一）他不想拿摄影师的生命冒险；（二）如果只能飞一次，还有什么别的办法能拍到这段影像呢？此时他是什么？疯狂艺术家？

一点也不疯，勇敢而已，像所有伟大的导演一样，决心要得到那段影像。如果飞艇坠毁，可能就没有赫尔佐格了；但如果他不上去，就不会再有电影了。还有一部赫尔佐格的电影，《黑暗之课》，片中他让自己身处科威特燃烧的油井群中。还有一部在特柳赖德电影节上放过，但我记得没有进行院线公映，片中他和他的团队被一场暴风雪困在山顶，差点死掉。当人们提起其中一些故事时，他会有点生气，因为这让他看似轻率莽撞，而他并不是这样。他做了为拍成电影必须做的事，同时也会斟酌情势，希望不会发生意外。

当一些作家（包括我）言下之意说他去亚马孙上游数百英里的地方是一时兴起，为了给《陆上行舟》找点“实景的魔力”时，他很恼火。事实上，正如他纠正我的那样，他本来有一处非常合理的拍摄地，但那个地方在一场边境战争中被烧毁了，他被迫转移到剩下的唯一一个地方，那里两条亚马孙支流距离足够近，可以经陆地在二者之间拉一艘船。（他想靠人力移动一艘真船的决心引发了另一些问题，但这里先不说了。）

我听到的“实景的魔力”这个短语最初是赫尔佐格说的，当时他解释说，对于他的《诺斯费拉图》，他尽可能寻找并使用了很多跟茂瑙那部经典默片一样的拍摄地点。某种意义上，茂瑙的天资会萦绕在这部电影中。如果我是被请来资助这部电影的制片人，这件事听起来好像很疯狂；但作为一名影评人，这对我来说是完全说得通的。

维尔纳·赫尔佐格的回应

2008年7月21日

《灰熊人》和《相遇》的制片人埃里克·纳尔逊（Erik Nelson）把你和一位艺术评论家（奎尔斯）的对话转发给了我，我的感受是这些人真是不再具备简单地直接观看一部电影的能力了。

如果你觉得有用，请把我的回应加进这场正在进行的讨论中（不泄露我的电子邮件地址）。

关于那位语言学家，我有意将我与他的对话引向濒危语言的领域。我们两人都对语言的未来的前景深感担忧：当今有大约六千五百种在交谈中使用的语言，其中的百分之九十左右将在本世纪末之前灭绝。我想做一个长期的纪录片项目，讲一种语言最后的使用者们，我已经在计划这件事了。

在我与比尔·伊尔萨（Bill Jirsa，那位语言学家）对话的过程中就可能有一种语言已经消亡，说他不在乎这点完全是对那个片段的一种误解。

我不得不打断他，总结他与学术界的痛苦纠缠，是因为这是一个极为复杂的故事，他一直讲了大约四十分钟。接下来计算机专家兼旅行家卡伦·乔伊斯（Karen Joyce）的片段我也不得不剪短了，只浅尝辄止地交代了她探索世界的方式，因为她不停地说了大概两个小时——她的故事中都没有一个句号或逗号。剪辑过程中几乎没有机会从她如此精彩的故事里挣脱出来。我非常喜欢他们两个人，他们也谅解了我，这部影片的总时长必须少于两个小时。

我的电影里没有伪君子。他们都是最有魅力的人，我希望我能永远跟他们做朋友，即使我们的相遇是如此短暂。

那个打破蹦蹦跷吉尼斯世界纪录的人是我找到的影像档案。我从未见过他，但他的故事和态度传达出了明确的观点。

丹尼尔·奎尔斯的回应

2008年7月21日

我很荣幸能进入偶像们的对话，还不止一位，是两位，尤其还是关于《相遇》，一部我非常喜爱的电影。

我希望尽可能简短地澄清我的两个观点。

首先，涉及麦克默多站日工的言辞，我愿意更缓和一些。事实上，电影里只有两个人物讲话被画外音打断的例子，就是我上面提到的，研究站其他这样的工人都得以流利地发表观点，被当作重要的声音来对待。因此，如果我让人觉得我的意思是赫尔佐格将工人和科学家简单地一分为二，我道歉，事实并非如此。

我感兴趣的是这部电影里“冒险在一个多世纪前就已终结”的观点，以及这一观点产生的影响：一方面影响是对围绕着赫尔佐格作品创造出来的那些神话（如《陆上行舟》等）；另一方面影响是对近期纪录片的主题（如《灰熊人》和《白钻石》）。“冒险”的范畴是与边缘地带的概念联系在一起的，如果它终结了，那么在偏远地区追求极端意味着什么呢？我没有答案，尽管我猜测也许它可以与语言联系起来——与理解这个世界联系起来。

其次，回应罗杰，“疯狂”这个词我用得有点粗心。我绝对不会认为金斯基、特雷德韦尔或多林顿“疯了”。在赫尔佐格的电影中，我非常看重的一点是它们如何抹掉了“正常”和“不正常”的区分，这在布鲁诺·S. 的电影中表现得最为突出。例如，卡斯帕尔·豪泽尔对自己身处其中的文化比任何人都更有洞察力。多林顿的冒险最终获得了前所未有的发现。

我想，这里一次又一次出现的概念是“极端”。当然，极端是相对的。《相遇》中一些最出色的幽默源于那里大量行为都是实事求是的，对这些人来说，这是正常的生活。

至于没能力“直接观看”一部电影，我想我只能辩称我看一部电影的时候确实很直接。然而，一旦电影结束，我就会思考它，就会想到一些模式。我倾向于认为，只要我是这部电影的观众之一，我的想法就是这一电影世界的一部分。

丹尼尔·奎尔斯的补充回应

2016年10月24日

我的原文包含在给罗杰的个人电子邮件中，写的时候从来没有打算在线发布——更不用说让维尔纳·赫尔佐格看到了！当时，罗杰在与各种崇拜者自由地交流，并定期将他们的回应和邮件发布到他的博客上。正如我在后续回应中明确指出的那样，我对以任何方式冒犯了一位我非常欣赏其作品的导演感到惶恐。我的邮件从来没有批评《相遇》的意思，而只是想通盘思考它与赫尔佐格其他电影作品可能存在的关系。我写的文字虽热情洋溢，但也啰里啰唆，说明那是一种当时仍在成形的评论之声，也表明了一种直接与罗杰对话的兴奋感。在生命的最后十年，他对读者有着非凡的慷慨，这段意想不到的交流应视为对此的致敬，他积极鼓励并支持着我们自己的写作。

雕刻家赫尔佐格的狂喜

2013年1月26日

一个人对宇宙说：
“阁下，我存在！”
“然而，”宇宙回答道，
“这并没有让我产生
一种责任感。”

——斯蒂芬·克莱恩（Stephen Crane）[1]

这个人可以在维尔纳·赫尔佐格电影的中心找到。他是阿基尔。他是菲茨卡拉多。他是诺斯费拉图。他是生活在灰熊身边的蒂莫西·特雷德韦尔。他是想要飞的小小迪特·丹格勒。她是菲尼·施特劳宾格，自十二岁起就住在沉默与黑暗的世界里。他是卡斯帕尔·豪泽尔。他是克劳斯·金斯基。他是那个瓜德罗普火山喷发在即也不离开山坡的人。他们是那些在南极生活的人。她是尤利亚娜·克普克（Juliana Koepcke）[2]，她乘坐的飞机在雨林中坠毁，而她活着走了出来。他是格雷厄姆·多林顿，驾驶有史以来最小的飞艇之一，研究仅存在于那片雨林树梢上的生灵。

他是雕刻家斯泰纳，一名学会了飞跃的跳台滑雪运动员，飞得太远，连着陆坡都容不下他。他（她）是三万两千年前在肖维岩洞墙上留下掌印的男人或女人。他是迈克尔·佩里，过几天就会被执行死刑。他是沃伊采克，毫无怨言地接受了德国军队下令进行的医学实验。他是吉恩·斯科特博士，在有线电视上长时间不间断地宣讲福音，同时又戴着奇怪的帽子坐在那儿抽雪茄。他是希亚斯，站在被喷涌云河吞没的山顶上。他是那名坏中尉。他是赫舍尔·施泰因施奈德，纳粹德国的犹太人大力士。他是在地球上为同胞寻找新家园的外星人[3]。他是大力神赫拉克勒斯[4]。站在他身后的人就是赫尔佐格。

有一年在特柳赖德，赫尔佐格邀请我去他在新谢里登酒店的房间，给我看他的最新电影《来自深处的钟声》的录像带。影片讲的是一个俄罗斯小村庄里的人们，这座村庄坐落在湖岸边。这些人相信湖底有一座天使居住的城市。每年只有几天能看到它，这时冰层薄到可以看穿，但又不至于让他们掉进湖里淹死。

一尺一尺，一寸一寸，村民们在冰上匍匐前进。他们听到模糊的呜咽和呻吟，那是冰的怨言。有时一道裂缝猛地从他们身下延伸出去，他们僵住了，不知道还该不该继续。他们急切地往冰层里窥探，寻找天使的面孔。

我想这部电影应该没公映过，也许是因为它缺少结尾。村民们看到了天使之城，没有一个人淹死。

“一定是你扛着摄影机在他们身后的冰上爬行。”我说。

“我不会要求任何人冒我自己不愿冒的险。”他说。

然后他告诉我并没有那样一个村庄，整个故事都是他编造的。我想起《绿蚂蚁做梦的地方》在戛纳首映后的他。在新闻发布会上，一位来自澳大利亚的记者问他有关原住民信仰的信息是从哪里来的。“没有什么信息来源，”他说，“他们编造了他们的信仰，我编造了我的。”

纪录片《小小迪特想要飞》也是一样，影片讲述了一名前战俘的生活，他曾被关押在老挝战俘营好几年。影片开场，这个人回到家，控制不住地多次打开家里的每一扇门、每一个橱柜和每一个抽屉，以确认它们没有锁上。这些全都是编的。这部纪录片被重拍成了故事片《重见天日》，主要讲的是迪特在丛林中徒步逃亡的旅程，而其中很多细节也都是虚构的。

赫尔佐格拍《白钻石》的时候再次决定亲自冒险。这就是他那部围绕多林顿的纪录片，这名自然学家相信有各种形式的生命栖息在雨林的树冠上，它们的诞生、生存和死亡都从未接触过大地。由于高处脆弱的生长环境承受不了攀爬，于是多林顿建造了“白钻石”——一艘泪滴形状的飞艇，带有一个开放式的吊舱，飞艇会在气球的牵引下升起来，被送到树上，以便可以在那里小心翼翼地考察他期望找到的生物。

1993 年，多林顿曾在苏门答腊岛测试过一艘早期的飞艇，那次测试以重大事故告终。由于一阵疾风，吊舱在高处的树枝上撞坏了，他的摄影师迪特尔·普拉格从吊舱里摔了下来。“那是一起意外。”多林顿说。所有人都同意他的这一说法，然而他还是每天都会自责。如今他准备好再试一次了。

在第一次试飞之前，赫尔佐格与多林顿争执了起来。这位科学家想独自试飞。赫尔佐格说初次试飞却不带摄影机很“愚蠢”，这也许是唯一一次飞行。赫尔佐格带了两名摄影师，却坚持他必须亲自携摄影机踏上处女航。“在自己测试之前，我不能要求一名摄影师登上飞艇。”他说。

他们上去了，两个人在这滴“泪”的下方晃晃悠悠。当飞艇本应前进却反而后退的时候情况有些危急，赫尔佐格注意到有一台发动机烧坏了，螺旋桨的碎片“嗖”的一声从他的头旁边飞过。飞艇掠过林冠，随后试探着降落在河流中。

忧伤、基督教会式的音乐伴随着这些影像。磅礴的凯厄图尔瀑布令他们着迷：水是金棕色的，咆哮着汇入一处大漩涡，无数的雨燕和其他鸟类飞入水幕后的一个山洞里。马克·安东尼·耶普是一名被探险队雇用的当地人，他告诉他们关于这个洞穴的传说。队医迈克尔·威尔克亲自携摄影机顺着一条绳子下去看洞穴的内部。在赫尔佐格的项目里，队医是“一名经验丰富的登山者”这种事很常见。在耶普主张洞穴的神圣奥秘必须受到保护之后，赫尔佐格并没有让我们看到队医拍摄的洞穴影像，这更是极其典型的赫尔佐格风格。洞穴里有什么呢？大量的鸟粪，我是这么猜想的。

赫尔佐格对宇宙坚持说：“阁下，我存在！”另一年在特柳赖德，他和他的小团队刚刚从一次失败的山顶拍摄中返回。那是一个晴天，但是一场邪门的暴风雪暴发了，把他们埋在了雪中。他们把自己挖了出来，然后爬下了山。

赫尔佐格比我小三个月。他的族人和我的德国亲戚都来自慕尼黑。我们是远亲这件事并非不可能。我第一次见到他是纽约电影节期间，在某人位于格林威治村的公寓里。我坐在他脚边的地毯上。我不记得我们说了些什么，但我感觉到了一种很强烈的联结，从那以来始终如一。那时他是一个带着部电影来参加电影节的孩子，然而远不止于此。

其他像他一样的孩子已经长大，拍的是大片，掌控数百万美元的预算，但赫尔佐格从未动摇过。如他所愿，他拍了自己选择的电影，如今他已经七十岁了，拥有四十七部导演作品，从来没有拍过一部让他感到羞耻的电影。他是如何筹钱的我不知道，但钱不是来自他以前电影的利润。当被问到如果告诉他世界将在明天终结，他会做些什么时，他说："马丁·路德说他会种一棵树。而我会开拍一部新的电影。"

有一年，他来到伊伯特电影节，告诉我们他这次来厄巴纳的旅程始于南美洲的一个高原，他顺着绳子从高原边上下来，然后和部落的人一起跋涉到一条河边，在那里一艘独木舟把他带到了一座有蒸汽船的城市。一位远程特邀记者告诉我："如果不是这样他就不会来了。这个旅程正因艰难而让他无法抗拒。"

大家都知道 1974 年 11 月赫尔佐格得知洛特·艾斯纳濒死时发生的故事，这位伟大的德国影迷当时七十八岁。她是纳粹集中营的幸存者，在巴黎定居，帮助创立了法国电影资料馆。第二次世界大战期间她被关押在一座纳粹集中营里。战后，她作为首席档案管理员与法国电影资料馆的创始人亨利·朗格卢瓦密切合作。赫尔佐格背着背包，穿着新靴子，从慕尼黑走到了她的床边。

维尔纳·赫尔佐格在日记中写道："这绝不能发生，不能在现在这个时候，德国电影现在不能没有她。"因此，赫尔佐格想对看似暗淡无光的必然施以意志坚决的控制，以这样一种姿态，他决定从慕尼黑的家中走到巴黎去看望艾斯纳，他坚信如果自己这样做，她就会康复。背着旅行包、穿着新靴子，赫尔佐格开始了为期三周的奥德赛之旅。美国电影摄影师协会（American Society of Cinematographers，缩写 ASC）的约翰·贝利（John Bailey）在会刊上写道："赫尔佐格与初冬酷寒天气的对抗，以及这种天气对他身体的袭击，这故事听起来与他的很多虚构人物的遭遇相类似，这些人也要直面现实，受到即便不算完全敌对，也是残酷无情的大自然的打击。无论是阿基尔、菲茨卡拉多还是迪特·丹格勒，他们生活的环境与赫尔佐格在这段旅程中所面对的并没有多大不同。倘若他身体上所承受的莫大痛苦——来自雨、冰、雪、寒风、多疑的乡下人和农民——可以换来同等程度的恩赐，那么于 1983 年去世，享年八十七岁的洛特·艾斯纳应该到现在还活着。"

赫尔佐格也愿意接受不那么崇高的挑战。20 世纪 70 年代，当他住在加州伯克利时，特柳赖德电影节的联合创始人汤姆·勒迪（Tom Luddy）把他介绍给了一个名叫埃罗尔·莫里斯的年轻人，这个人当时正在拍《天堂之门》，一部关于宠物公墓的纪录长片。"你要是能拍完那部电影，我就把我的鞋吃掉。"赫尔佐格对他说。莫里斯拍完了那部电影，赫尔佐格也吃了他的鞋。勒迪当时是太平洋电影资料馆（Pacific Film Archive）的负责人，在潘尼斯之家餐厅（Chez Panisse）的艾丽斯·沃特斯（Alice Waters）把鞋烹煮得可口了一些之后，他安排赫尔佐格在台上吃了他的鞋。我记得加了辣酱和月桂叶。

赫尔佐格的新电影《快乐的人们：针叶林中的一年》是他寻找极端的生活的新篇章。拍完了讲南极研究站居民的《在世界尽头相遇》，去北极圈内拍摄居住在西伯利亚的人们难道不是必然的吗？这些猎人和捕手住在一座大约有四百人的村子里，靠山吃山，利用自己的双手和当地的资源生活。第一代人被苏联共产党政府安置在那里，被指导去狩猎、捕鱼和捕猎毛皮。由于空运物资的飞机没有按时返回，他们就住在没有供暖的小屋里，没有冬衣、没有柴火，几乎也没有任何工具。当时的一位幸存者对镜头说，一名早期的居民“没能活下来，我觉得他没有这种能力”。

这部电影被合理地划分为冬、春、夏、秋。每个季节行为的动机都是为下个季节做准备。初秋，他们把坚果从树上敲下来，以便冬季食用。他们用网捕捞梭子鱼，然后把它们腌起来。他们用苔藓和其他保温材料来让小屋能经受风雨。他们不是完全没有现代装备，我们看到了电锯、钢制的长柄斧和短柄斧、舷外发动机以及摩托车。他们穿着现代的户外服装。在这片一切都捉襟见肘的土地上，有个人让自己享受着香烟带来的奢侈感。

影片非常关注他们做的事情和做这些事情的方式。他们将一根尺寸合适的原木挖空，凿成独木舟的形状，然后用楔子将它的两侧撑开，用火把它固定成形。他们从树皮中提炼焦油来填塞船缝。他们从树的一侧切下木板打造滑雪板。他们用小一点的树来设置弹簧式的动物陷阱，每个人都有数百个陷阱。在他们的手中，一把短钢斧就满足了将树木加工成各种形状的需求，这让我们想到最原始的祖先使用的工具——石斧、木楔和杠杆等。我们得知他们是如何避免把独木舟的侧面削得过薄的。我们也了解到他们如何刨削滑雪板，如何让其变得柔软，如何把它们塑造成形。还有他们如何把焦油涂在自己身上来驱赶大群的蚊子，他们的生活如何与紫貂的境况息息相关。

针叶林的人们会对着镜头解释自己做事的方式和原因，他们的声音也被用在画外音中。赫尔佐格也加入了自己的旁白，混合了慎重的解释、惊叹之情，以及对所描述之事那冷酷无情本质的理解。史蒂文·布恩（Steven Boone）写了一篇关于《快乐的人们》[5]的敏锐影评，发表在我的网站上。他把这样的旁白称为“那个声音”：“如果没有‘那个声音’，电影也可能会靠自身优势立足，不过，为什么要没有呢？”布恩这样描述针叶林的人们：“他们靠土地过活，自力更生，真正自由。没有规则、没有税收、没有政府、没有法律、没有官僚机构、没有电话、没有收音机，只有他们自己的价值观和行为准则。”“那个声音”里没有多愁善感的语调。

《快乐的人们》里有一点给我留下了印象。我在DVD播放时不得不跳过一个“损坏区”，我可能因此错过了一些内容，但我记得电影中没有女人。怎么会这样呢？片中有孩子存在。在赫尔佐格的电影中，女性是一片尚未被充分探索的大陆。她们在场，但是在扮演配角。这并不是说他回避强大、有才华的女性。他的妻子列娜就是一名生于俄罗斯的摄影师，为多家重要出版单位工作，曾举办摄影展，还出版了四本作品集。

《快乐的人们》的“联合导演”是一位名叫德米特里·瓦休科夫（Dmitry Vasyukov）的俄罗斯电影摄影师。得知赫尔佐格本人并没有去西伯利亚拍摄本片的素材时，我并不感到惊讶。是他在洛杉矶的一个朋友给他看了四个小时的素材，然后他决定剪辑这些素材并配上旁白。他的电影决然地聚焦于这些人和他们的生活，并且坚定地赞同着他在《陆上行舟》中对自然的描述——“势不可挡的全面屠杀”。

他还制作了至少一部这样的电影，其中大部分内容剪辑自他人的影像——取得巨大成功的《灰熊人》。蒂莫西·特雷德韦尔每年夏天都会去阿拉斯加，生活在灰熊群中，直到一年秋天，一只熊袭击了他和他的女朋友，杀了他们，吃了他们。在那部电影的旁白中，赫尔佐格说："让我难以忘却的是，在特雷德韦尔拍过的所有熊的脸上，我都没有看到亲切，没有看到理解，没有看到怜悯。我只看到自然那无法抗拒的冷漠。对我来说，没有什么熊之秘境。这种茫然的凝视仅仅意味着对食物的一种勉强的兴趣。但对蒂莫西·特雷德韦尔来说，这只熊是一个朋友、一位救世主。"

我认为赫尔佐格深信我们的文明徘徊在崩溃的边缘，人们或许不得不依靠他们的意志和技能才能活下来。如果全球变暖产生了恶果，这些生活在针叶林的人们处于优越的地理位置，并且装备齐全，有能力生存下来。夏天的时候他们会更快乐，生活也将变得轻松起来。

注 释

[1] 斯蒂芬·克莱恩（1871—1900）：美国小说家、诗人，以现实主义、美国自然主义和印象派风格的作品著名，常表现人类任由自然和命运摆布的主题，文中片段摘自诗歌《一个人对宇宙说》（"A Man Said to the Universe"）。——译注

[2] 赫尔佐格纪录片《希望的翅膀》的主人公。——编注

[3] 赫尔佐格 2005 年影片《蓝星人怀乡曲》中的角色。——编注

[4] 赫尔佐格短片《大力士》德语片名 *Herakles* 直译即赫拉克勒斯。——编注

[5] 即《快乐的人们：针叶林中的一年》，下同。——编注

附录

沃克艺术中心，1999

赫尔佐格电影评述

本文是1999年2月为一场赫尔佐格电影作品回顾展而准备的文章，回顾展于1999年4月2日至5月1日在明尼苏达州明尼阿波利斯市沃克艺术中心举办。

戛纳电影节的一天，我和维尔纳·赫尔佐格坐在一间咖啡馆里，他对我说："我们的文明渴求卓越的影像。"我走出咖啡馆，去看一场放映，看到人们开车和坐在餐馆里的镜头，他们彼此谈论着性和犯罪，而镜头则在来回切换。于是我就想，确实，他是对的，这些不是能滋养我们的影像。

在赫尔佐格的电影中，你会看到一个穿着盔甲的疯子，他身处亚马孙河一艘正在下沉的木筏上，猴子在他身边叽叽喳喳；一个站在山顶上望见未来的人；悲恸欲绝的村民们，因为失去了玫瑰色玻璃的秘密，把大酒杯砸在彼此头上；一个在陆地上拉一艘船穿过丛林的人；匍匐在薄冰上的人们，去看湖底城市的天使；一只在传送带上转来转去的鸡；像流水般倾泻到山谷中的云；在自己"血肉之墓"（grave of flesh）里的吸血鬼；一个人一遍又一遍开合家里的每一扇门，以确保自己没有被锁在里面；歌剧后台的一名工作人员，随着男高音一起欢快地歌唱；一个被锁在地窖里多年的人，惊诧地在户外徘徊；俄罗斯的“耶稣们”，穿着凉鞋、蓄着胡须，带着他们的福音横跨这片土地——每个人都表现出自己就是基督的样子；造反的侏儒；一个极为擅长跳台滑雪的人，总是面临越过着陆区，飞着飞着抵达死亡的危险；一座笼罩在火山阴影下的鬼城，这座火山随时都可能会喷发；一条在沿着山丘绵延的队列中传递的消息。这份名单可以无穷无尽地延续下去。这些影像有的来自纪录片，有的来自故事片，你能猜出都是哪些影片吗？

我是在纽约电影节上初次遇到赫尔佐格的，那时他放了他的作品《生命的标记》，鲍勃·沙亚（Bob Shaye）选了这部电影为他的新公司新线影业（New Line Cinema）揭幕。我们坐在沙亚位于华盛顿广场的小公寓里，谈论电影解放人和改变人的力量，一直谈到深夜。从那以后，每次见到赫尔佐格，我们的谈话都会继续。这是一个对普通商业电影的潮流不屑一顾的人。他的电影充满了奇景，他的人物梦想着超越。

我觉得他就像是那些匍匐在冰上的人。他的每个项目都没有稳定的资金来源，因为他不拍爆炸，不拍人们开着车转悠、在用餐时一边抽烟一边讲着关于性和犯罪的昆汀·塔伦蒂诺（Quentin Tarantino）式笑话。他没有墨守成规的习惯。他在湖底城市寻找天使。或许他最终会看到他们，并把他们展示给我们看；或许冰会破裂，他会淹死；或者，他会溺水，沉下去，被天使拯救。

赫尔佐格的《明尼苏达宣言》

1999年4月30日，维尔纳·赫尔佐格在与罗杰·伊伯特进行的问答环节中提出了这一宣言，活动在明尼阿波利斯的沃克艺术中心举办。这一宣言通常被称为《明尼苏达宣言》。

黑暗之课
——明尼苏达宣言：纪录片中的真相与事实

1. 我宣布，所谓的“真实电影”是缺乏真实的。它触及的仅仅是肤浅的真相，会计师接触的那种真相。
2. 真实电影的一位著名代表宣称，拿起摄影机并尽量做到诚实就很容易找到真相。他就像最高法院的守夜人，对繁复的法律条文与程序充满憎恶。他说：“在我看来，应该只有一条法律：坏人应该坐牢。”

   不幸的是，在大多数情况下，在大部分时间里，他差不多是对的。
3. 真实电影混淆了事实（fact）和真相（truth），因此犁地犁在了石头上。然而，事实有时有一种奇特、诡异的力量，使其内在的真相看起来令人难以置信。

4. 事实催生规范，真相给予启迪。
5. 电影中存在着更深层次的真相，富于诗意的、令人狂喜的真相。它神秘莫测，只有通过虚构、想象和风格化才能抵达。
6. 真实电影的导演就像游客一样，给事实的古老遗迹拍照。
7. 旅游即罪恶，徒步是美德。
8. 每年春天都有许多人在明尼苏达州的湖里淹死，他们骑着雪地摩托掉进了正在融化的冰层里。要求新州长通过一项保护法的压力越来越大。曾经是摔跤选手和保镖的他对此做出了唯一明智的回答："你不能立法禁止愚蠢。"
9. 特此提出挑战。
10. 月光暗淡。大自然母亲不会召唤，不会跟你说话，尽管冰川最后会放响屁。切勿聆听生命之歌。
11. 我们应该感激宇宙不会微笑。
12. 海洋里的生活必定完全就是地狱。巨大又无情的地狱，有着永久而紧迫的危险。地狱太严酷了，以至于在进化过程中一些物种——包括人类——爬着逃到了一些坚实可靠的小块陆地上，那里黑暗之课仍在上演。

片名对照表

A

《阿基尔，上帝的愤怒》（*Aguirre, the Wrath of God*，1972）

《现代启示录》（*Apocalypse Now*，1979）

B

《坏中尉》（*Bad Lieutenant*，1992）

《坏中尉：新奥尔良港》（*The Bad Lieutenant: Port of Call - New Orleans*，2009）

《士兵的歌谣》（*Ballad of the Little Soldier*，1984）

《来自深处的钟声》（*Bells from the Deep*，1995）

《百老汇旋律 1940'》（*Broadway Melody of 1940*，1940）

《黑色布鲁诺》（*Bruno the Black*，1970）

《电影梦》（*Burden of Dreams*，1982）

C

《忘梦洞》（*Cave of Forgotten Dreams*，2010）

《拉丁男孩的天空》（*Chop Shop*，2007）
《眼镜蛇》（*Cobra Verde*，1987）

E

《鼹鼠》（*El Topo*，1970）
《在世界尽头相遇》（*Encounters at the End of the World*，2007）
《卡斯帕尔·豪泽尔之谜》（*The Enigma of Kaspar Hauser*，1974）
《侏儒流氓》（*Even Dwarfs Started Small*，1970）

F

《创世纪》（*Fata Morgana*，1971）
《陆上行舟》（*Fitzcarraldo*，1982）

G

《沙中的游戏》（*Game in the Sand*，1964）
《天堂之门》（*Gates of Heaven*，1978）
《吉恩·斯科特博士》（*God's Angry Man*，1981）
《油脂》（*Grease*，1978）
《木雕家斯泰纳的狂喜》（*The Great Ecstasy of Woodcarver Steiner*，1974）
《灰熊人》（*Grizzly Man*，2005）

H

《快乐的人们：针叶林中的一年》（*Happy People: A Year in the Taiga*，2010）

《玻璃精灵》（*Heart of Glass*，1976）

《大力士》（*Herakles*，1962）

《一只土拨鼠能啃掉多少》（*How Much Wood Would a Woodchuck Chuck*，1976）

I

《凝视深渊》（*Into the Abyss*，2011）

《纳粹制造》（*Invincible*，2001）

J

《地心历险记》（*Journey to the Center of the Earth*，2008）

L

《沉默与黑暗的世界》（*Land of Silence and Darkness*，1971）

《苏弗雷火山》（*La Soufrière*，1977）

《归途列车》（*Last Train Home*，2009）

《最后的话》（*Last Words*，1968）

《离开拉斯维加斯》（*Leaving Las Vegas*，1995）

《黑暗之课》（*Lessons of Darkness*，1992）

《小小迪特想要飞》（*Little Dieter Needs to Fly*，1997）

《指环王》系列（*The Lord of the Rings*，2001—2003）

M

《音乐室》（*The Music Room*，1958）

《我的魔鬼》（*My Best Fiend*，1999）

《与安德烈晚餐》（*My Dinner with Andre*，1981）
《儿子，你都干了什么》（*My Son, My Son, What Have Ye Done*，2009）

N
《诺斯费拉图》（*Nosferatu*，1922）
《诺斯费拉图：夜晚的幽灵》（*Nosferatu the Vampyre*，1979）

P
《我父我主》（*Padre Padrone*，1977）
《圣女贞德蒙难记》（*The Passion of Joan of Arc*，1928）
《警惕害马人》（*Precautions Against Fanatics*，1969）
《惊魂记》（*Psycho*，1960）

R
《重见天日》（*Rescue Dawn*，2006）

S
《生命的标记》（*Signs of Life*，1968）
《史楚锡流浪记》（*Stroszek*，1977）

W
《走向维尔纳》（*Walking to Werner*，2006）
《绿蚂蚁做梦的地方》（*Where the Green Ants Dream*，1984）
《白钻石》（*The White Diamond*，2004）
《我心狂野》（*Wild at Heart*，1990）

《蓝星人怀乡曲》（*The Wild Blue Yonder*，2005）

《野孩子》（*The Wild Child*，1970）

《希望的翅膀》（*Wings of Hope*，2000）

《沃伊采克》（*Woyzeck*，1979）

#

《2001 太空漫游》（*2001: A Space Odyssey*，1968）

译后记

我不知道有多少读者像翻译这本书前的我一样，对罗杰·伊伯特的病情知之甚少。大部分人对他的认知可能停留在，他是第一位获得普利策奖的影评人，后来罹患癌症去世了，仅此而已。

在传记片《人生如戏》（*Life Itself*，2014）里，你可以看到他人生最后几年与癌症相处的情形。从他的左耳到嘴唇下方到右耳连成一条曲线，这条曲线下方的面部完全被移除了。他的嘴无法闭合，下嘴唇周围的部分就悬在那里，形成一个大笑的弧度。他不能说话，也做不出什么表情。他的下颌是空的，本属于身体内部的组织，为了不暴露在空气中被绷带绑在脖子上。当他需要进食、饮水或有痰要得到清理的时候，就由护士从绷带的间隙伸一根管子到喉咙里去。

我无法想象，对于一个以文字为生的写作者，对于他那想必既敏锐又善感的灵魂，在漫长的岁月中面对自己这样的状态会是什么样的感受。更不用提他从 1975 年开始就是一名出现在电视上，并热爱出现在影迷视野中的公众人物。从 2002 年起，癌症就像正午时分脚下仿佛刻意要躲起来嘲笑人的影子，伴他到 2013 年去世，一共是十一年。

作为伊伯特两本书——《在世界尽头相遇：伊伯特对话赫尔佐格》和《伟大的电影：终章》的译者，在与他的文字朝夕相处的两年时间里，我几乎从未从中感受到病人情绪的蛛丝马迹。影评的对象是电影，他作为影评人表露的个人情感和态度通常不会突破专业性的范畴，也很少说自己的事。我习惯于伊伯特评论电影时跷着腿抱着胳膊把笔记板放在膝上的那种从容的行文风格。但他在 2008 年评论赫尔佐格的纪录片《在世界尽头相遇》时异常稀有地展示出脆弱，他说其中一只企鹅“踏上了一段旅程，这段旅程虽然想必早已终结，却仍在我记忆中萦绕至今”。翻译成“萦绕”的是“haunt”这个词，它并不是一个含义很正面的词语。他没有再多解释，我们需要去 2007 年他给赫尔佐格的信里寻找答案。他在信的结尾又提到了那只企鹅，他用那只决绝地离开队伍，向未知走去的落单企鹅比喻自己：“但我已经开始像那只企鹅一样偏离方向了，我的朋友。”

赫尔佐格把《在世界尽头相遇》题献给伊伯特，伊伯特在片中看到了一只像自己的掉队企鹅。

人与人之间的吸引真的很微妙，也很奇妙。我不知道赫尔佐格心里以怎样一种亲密程度看待伊伯特。在他们的对谈里，赫尔佐格完全不会因为与伊伯特的交情就委婉地表达自己的观点，态度有时鲜明得甚至有点不近人情。面对伊伯特的“不是吗”，他会认真回以“不，我不同意”。你会觉得，是伊伯特的试探和赫尔佐格的纠正在推动着这场长达几小时的对话，而不是观点上的一拍即合。在赫尔佐格为本书写的序言里，似乎除了开头那句直白的想念之外，所有内容都在强调一种掺杂着些许敬意的距离感。在行文中否认居多——“不经常”“不是”“不”“没有”“否定的”，赫尔佐格并没有因为伊伯特对自己的倾慕与他的已故就展示出柔情。

但是伊伯特对赫尔佐格要有温度得多。这本书里最让我印象深刻的一句话是，“赫尔佐格让我神魂颠倒”（Herzog fascinates me，见第四部分《玻璃精灵》影评），译到这句时我忍不住笑了出来。他不仅为赫尔佐格的绝大多数电影写了影评，将其中六部选入“伟大的电影”系列，还不遗余力地用自己的影响力逐渐地让更多的影迷了解并喜爱赫尔佐格。我想，伊伯特的热情不仅是因为他仰慕赫尔佐格的才华，喜欢赫尔佐格的电影，更不仅是因为赫尔佐格确实是一个非常具有个人魅力的人（去听一下他为自己的纪录片配的旁白吧，那独特的德式英语和略微有点疏离的语气能立刻俘获你），必定还因为他从赫尔佐格的不止一部电影中看到了自己。

在这本书里，伊伯特一再重申对赫尔佐格电影人物的某些解读，同样意思的话近乎偏执地出现在很多篇文章里。“你似乎展现出对生活在极端中的人物有一种迷恋。可以是自己选择的极端人生经历，也可以是客观情况——比如残疾，或者残忍的行为，或者只是与生俱来的古怪，强加给他们的极端处境。”伊伯特认为描绘身处极端中的人，表现这个人与极端的关系，就是赫尔佐格所有电影的主旨。不仅如此，赫尔佐格本人，这个实拍把一艘大船拉上山的导演，这个从慕尼黑走路到巴黎的人，这个不向主流妥协的电影制作者，其实也在用极端包裹自己。回到伊伯特，他在《芝加哥太阳报》上写了四十六年影评，坚持每年阅片数百部直到生命尽头，在将近七年的时间里，他失去声音、失去进食能力、失去完整的相貌，却顽强地活着并且笔耕不辍，这样的他也不折不扣地借着命运的流向将自己置身于极端之中。

这本书关于伊伯特和赫尔佐格，他们让我们看到一个人可以如何度过一生。在这个世界上，真的有人是用极致的纯粹和热爱作为动力前行，真的有人是这样至死都享受着自己与生俱来的审美能力，以不曾屈服的勤奋，做着自己喜欢并且擅长的事情，即便是或主动或被动地活在极端的状态里。

译完这本书的我，读完这本书的你，到此刻会蓦然发现，那些电影中的人物、导演赫尔佐格、影评人罗杰·伊伯特，这三者的形象已经重合。赫尔佐格拍电影，伊伯特写赫尔佐格的电影，也许这就是除了命中注定再无其他合理解释的情节，从1968年在纽约某个公寓里相遇的那一刻起，伊伯特就成了赫尔佐格电影中的人，成了那只决绝的企鹅。

出版后记

赫尔佐格曾说，认识伊伯特让他的生命变得更加美好了；伊伯特则称，赫尔佐格的每一部作品都是一次崭新的启程，为我们带来崭新的景象。《在世界尽头相遇》是两人友谊的一种见证，也为影迷、读者提供了观看世界的新视角。

本书主体内容共分为五个部分。第一部分是1979年两人在芝加哥琢面多媒体中心一次大师班上的对谈，这是一份非常珍贵的记录，此前仅能在一本很难获得的手册上找到。第二部分是伊伯特写的除了收录在他“伟大的电影”系列影评中的文章外，关于赫尔佐格单部电影的全部影评。第三部分包含伊伯特对赫尔佐格的多篇访谈文章。第四部分是“伟大的电影”系列中的影评。第五部分收录了伊伯特在得知赫尔佐格将《在世界尽头相遇》题献给他之后，写给赫尔佐格的一封信；他就赫尔佐格的电影与另一位评论家展开的争论和赫尔佐格本人的回应；以及他最后一篇关于赫尔佐格的文章，带有回顾性质的《雕刻家赫尔佐格的狂喜》，写于他去世的那一年。

赫尔佐格为本书撰写了前言，在其中讨论了他与伊伯特的关系。附录部分收录了伊伯特为 1999 年在沃克艺术中心举办的赫尔佐格电影回顾展准备的文章，以及赫尔佐格在这次回顾展上提出的《明尼苏达宣言》。

伊伯特的著作，此前我们已出版《我知道你们又来这一套！影评大佬罗杰·伊伯特毒舌小词典》，这是一本由伊伯特策划编纂的讽刺影评“吐槽大会”，以小词条形式收录人们对类型片陈腐俗套的幽默吐槽，是 30 年来各国观众、影评人甚至影视公司高层人士犀利调侃的结晶。即将出版的《伟大的电影：终章》，是伊伯特影评生涯巅峰——“伟大的电影”系列的最后一部，亦是这位影评人的告别之作，收录其辞世前所作的该系列的最后 62 篇影评，涵盖了从无声时代到最近的经典电影。

接下来，我们还将推出《在黑暗中醒来：罗杰·伊伯特四十年精选》，这是伊伯特职业生涯的一次总结，甄选其历年来重要的访谈、影评、随笔和杂感，包括伊伯特与众多杰出导演和演员的精彩交流，如马丁·斯科塞斯、史蒂文·斯皮尔伯格、英格玛·伯格曼、伍迪·艾伦、汤姆·汉克斯等，以及一些影史杰作的重磅影评，如《教父》《辛德勒的名单》《千与千寻》《大红灯笼高高挂》。更多电影好书正在译介之中，敬请期待。

服务热线：133-6631-2326　188-1142-1266

服务信箱：reader@hinabook.com

后浪电影学院

2024 年 10 月

图书在版编目（CIP）数据

在世界尽头相遇 : 伊伯特对话赫尔佐格 / (德) 罗杰 · 伊伯特 (Roger Ebert) 著 ; (德) 维尔纳 · 赫尔佐格 (Werner Herzog) 作序 ; 李尚译 . -- 贵阳 : 贵州人民出版社 , 2024.12

ISBN 978-7-221-18213-5

Ⅰ . ①在… Ⅱ . ①罗… ②维… ③李… Ⅲ . ①维尔纳 · 赫尔佐格—访问记 Ⅳ . ① K851.657.8

中国国家版本馆 CIP 数据核字 (2024) 第 030447 号

ZAI SHIJIE JINTOU XIANGYU: YIBOTE DUIHUA HEERZUOGE

在世界尽头相遇：伊伯特对话赫尔佐格

［德］罗杰 · 伊伯特（Roger Ebert） 著
［德］维尔纳 · 赫尔佐格（Werner Herzog） 作序
李尚 译

出 版 人	朱文迅	选题策划	后浪出版公司
出版统筹	吴兴元	编辑统筹	陈草心 梁 媛
责任编辑	陈丽梅 王潇潇	特约编辑	田朝阳
封面设计	蔡佳豪	装帧制造	墨白空间
责任印制	常会杰		

出版发行 贵州出版集团 贵州人民出版社
地　　址 贵阳市观山湖区会展东路 SOHO 办公区 A 座
印　　刷 嘉业印刷（天津）有限公司
经　　销 全国新华书店
版　　次 2024 年 12 月第 1 版
印　　次 2024 年 12 月第 1 次印刷
开　　本 889 毫米 ×1194 毫米 1/32
印　　张 7.75
字　　数 175 千字
书　　号 ISBN 978-7-221-18213-5
定　　价 52.00 元

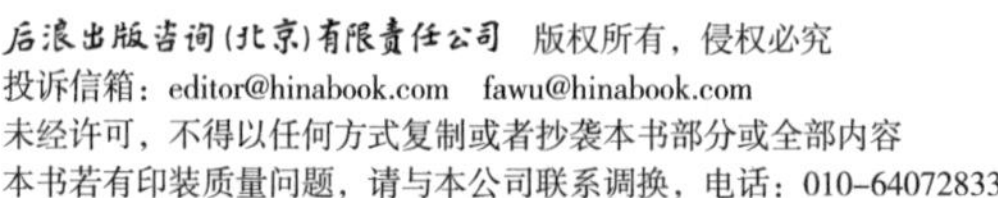